Dr. Isa Grüber

Resilienz

Dein Körper zeigt dir den Weg

Wirksame Übungen für innere Stärke und gute Nerven

IRISIANA

IMPRESSUM

5. Auflage 2024

produktsicherheit@penguinrandomhouse.de

Projektleitung: Inga Heckmann und Nikola Teusianu

Satz: Knipping Werbung GmbH, Berg am Starnberger See

Lektorat: Doortje Cramer-Scharnagl

Layout: Claudia Scheike, Martin Knipping

Korrektorat: Susanne Schneider

Bildnachweis
Illustrationen: Isabella Roth Illustration | www.rothbild.de
Mit Ausnahme von: S. 106 Lauri Nummenmaa, Enrico Glerean, Riitta Hari und Jari K. Hietanen: Bodily maps of emotions, in: PNAS 111, Nr. 2 (Januar 2014), S. 646–651. Abb. 2.

Bildredaktion: Annette Baur

Herstellung: Claudia Scheike

Umschlaggestaltung: Geviert – Büro für Kommunikationsdesign, München, unter Verwendung einer Illustration von Isabella Roth | www.rothbild.de

Druck und Verarbeitung: PBtisk, a. s., Pribram
Printed in the Czech Republic

FSC www.fsc.org MIX Papier | Fördert gute Waldnutzung FSC® C004378

Penguin Random House Verlagsgruppe FSC® N001967

ISBN 978-3-424-15409-2

Für meinen Vater,
der mir Resilienz vorlebte,
und für Peter Levine,
der mich das *Wie* lehrte.

INHALT

ZUR EINSTIMMUNG 6

Resilienz mit dem Körper als Kompass 7

SICH FREUNDLICH DEM KÖRPER ZUWENDEN 17

Der erste Schritt: Freundliche Aufmerksamkeit für Ihren Körper 18

Wahrnehmen, ohne zu bewerten 20

Die Stressskala von 0 bis 10 23

Im roten und im grünen Bereich 24

Vorsichtig antippen: Wie spüre ich Stress im Körper? 27

Genüsslich nachspüren: Wie spüre ich etwas Schönes im Körper? 28

Der innere Beobachter 29

Neuroplastizität – ein Leben lang Muster umlernen 31

ANKOMMEN IM HIER UND JETZT 32

Basisübungen zur Stabilisierung 33

Weitere Übungen zum Stabilisieren 38

Die Wirkung dieser einfachen Übungen genießen 45

DAS GEHEIMNIS DER RESILIENZ 46

Ein resilientes Mädchen 47

Somatic Experiencing und das Lebensflussmodell 48

Das Modell der liegenden Acht 50

Pendeln zwischen den Polen 52

DAS ALLERWICHTIGSTE: IHRE RESSOURCEN 59

Ressourcen – innere und äußere Kraftquellen 60

WORAUF ES BEIM SPÜREN ANKOMMT 73

Spüren macht glücklich 74

Wann darf man nachspüren und wann auf keinen Fall? 77

Immer wieder: Es geht um Aufmerksamkeit 78

Spüren ist langsam ... 80
Woran es beim Spüren noch ankommt ... 82
Erleichterung im Körper ankommen lassen ... 85
Last, but not least: Das richtige Maß beim Spüren ... 86

RESILIENZ DURCH SELBSTREGULATION 88

Warum »Loslassen auf Knopfdruck« nicht funktioniert ... 89
Die Minus-Seite: Wir bleiben am Rand ... 92
Die Plus-Seite: Das positive Umschalten im Körper bemerken ... 94
Die fünf Schritte der Selbstregulation ... 97

EMOTIONEN IM KÖRPER REGULIEREN 104

Emotionale Energie kann man lenken ... 105
Toleranzfenster ... 107
Vorsicht vor Überwältigung ... 109
Angst – zurück zum gesunden Maß ... 111
Wut – wohin damit? ... 117
Depressive Verstimmungen – raus aus dem Kollaps ... 119
Einsamkeit – die innere Leere füllen ... 124
Trauer – pendeln zwischen den Polen ... 126

RESILIENZ ALS WEG 128

»Ich schaffe es« ... 129
Wie ich auf dem Jakobsweg das Selbstmitgefühl entdeckte ... 129
Den inneren Antreiber erkennen: Das Ziel ist im Weg ... 132
Womit füttern Sie Ihr Gehirn? ... 134
Am Rande des Angstfeldes bleiben ... 135
Das Gefühl, keine Zukunft zu haben ... 136
Was bleibt, wenn vieles wegbricht? ... 137
Der Körper will sich regulieren ... 140
Anhang ... 143
Verzeichnis der Übungen ... 144

ZUR EINSTIMMUNG

Unser Leben ist nichts anderes als das,
worauf wir unsere Aufmerksamkeit richten.

William James

RESILIENZ MIT DEM KÖRPER ALS KOMPASS

Guten Tag, liebe Leserin, guten Tag, lieber Leser!

Ich nehme mir Zeit, Sie zu begrüßen.

Sie haben nach einem Buch über Resilienz gegriffen, real oder virtuell, und noch dazu einem Buch über Resilienz, zu der Ihr Körper Ihnen den Weg zeigt. Das ist bemerkenswert. Was hat Sie dazu bewogen? Was spricht Sie an? Was versprechen Sie sich davon für Ihre Lebensqualität?

Es mag sein, dass Sie ganz einfach mehr über Resilienz wissen wollen. Zu diesem Zweck gibt es viele Bücher. Die meisten entsprechenden Bücher analysieren Resilienz, zerlegen sie in Wirkfaktoren, bringen den Leserinnen und Lesern Konzepte nahe. Sie sind interessant und aufschlussreich.

Mein Buch verspricht Ihnen noch etwas anderes: Erfahrungen. Denn Ihr Körperwissen wird bei der Lektüre dabei sein – und sogar noch mehr, es wird Ihr Wegweiser sein. Wenn Sie sich auf dieses Buch einlassen, wenn Sie sich Zeit für die Übungen nehmen und sie wirken lassen, immer wieder mal, dann werden Sie ein anderes Gefühl für sich selbst und für Ihren Körper bekommen. Sie werden Ihren Körper mehr schätzen und manchmal über seine Weisheit staunen. Sobald Sie ihm eine bestimmte Qualität von Aufmerksamkeit zuwenden, spricht er mit Ihnen. Er spiegelt Ihnen, ob Ihre Gedanken Sie eher stärken oder sabotieren, ob Ihre Vorhaben Ihnen eher Kraft rauben oder Sie erfüllen und beleben, Ihren Körper also buchstäblich mit Energie anfüllen.

Die Kompassnadel der Körperwahrnehmung kann in zwei Richtungen ausschlagen:

- in Richtung Stress oder Angst und damit hin zu Mutlosigkeit, Schwäche und Selbstzweifeln ➛ weniger Resilienz,

oder

- in Richtung kraftvolle Energie, Mut und Zuversicht, hin zur Gewissheit: »Ich schaffe es« ➛ mehr Resilienz.

In meinem Weltbild können Sie Ihr Lebensgefühl positiv beeinflussen, indem Sie immer feiner wahrnehmen, wann Ihr klares Denken durch einen stress- oder angsterfüllten Körper eingeschränkt wird. Denn gleichzeitig nimmt damit Ihre Fähigkeit zu, dem entgegenzusteuern, indem Sie *zuerst* Ihren Körper beruhigen und dann erst handeln, Entscheidungen treffen, im Leben weitergehen.

Selbstregulation – Halt und Sicherheit in unsicheren Zeiten

Wir brauchen Resilienz als innere Stärke, um Krisen zu meistern, Rückschläge zu überwinden, um trotz aller Schwierigkeiten unser Leben zu gestalten. Denn einschneidende Ereignisse wie ein Unfall, ein Todesfall oder der Verlust des Arbeitsplatzes können das bisherige Leben aus dem Takt bringen.

Doch auch vermeintlich kleine Dinge hauen uns manchmal buchstäblich um, zum Beispiel ein Blackout bei einem Vortrag, ein schlechtes Zeugnis, ein Streit oder ein Konflikt, der uns wütend und hilflos zurücklässt. Wir brauchen auch dafür Resilienz – die Fähigkeit, trotz alldem weiterzumachen, Lösungen zu suchen und jeden Tag so gut zu leben, wie es uns möglich ist.

Resilienz im Alltag bedeutet also konkret, uns bei Stress selbst zu regulieren, das heißt, uns wieder zu beruhigen und uns in einen kraftvollen Zustand zu versetzen. So bekommen wir Energie und gute Nerven für ein längerfristiges Ziel und den nächsten Schritt.

2020 ist das Jahr, in dem unsere gewohnte Welt aus den Angeln gehoben wurde und immer noch durchgerüttelt wird: Alte Sicherheiten brechen weg, Selbstverständliches wird infrage gestellt oder existiert bereits nicht mehr. Täglich halten uns neue Nachrichten in Atem und lassen uns kaum zur Ruhe kommen. Auch wenn wir in unterschiedlichem Maße direkt betroffen sind, haben die Ereignisse der letzten Monate tiefe Erschütterungen in uns ausgelöst. In vielen Menschen herrscht tiefe Unsicherheit, ein Grundgefühl von »Wer weiß, was morgen ist?«. Wir wissen nicht, was noch auf uns zukommt, und diese Unsicherheit wird bleiben. Wie gehen wir damit um?

Wo finden wir Halt in diesen schwierigen Zeiten? Was gibt uns noch Sicherheit? Wie motivieren wir uns weiterzumachen, wenn wir den Mut verlieren? Wie können wir uns beruhigen, wenn die Angst überhandnimmt? Woher nehmen wir die Kraft, für unsere Kinder da zu sein, die uns mehr denn je brauchen?

Viele von uns sind durch die Ereignisse traumatisiert oder zumindest getriggert worden. Das bedeutet, dass man den aktuellen Stress, die Angst, Wut, Ohnmacht zusammen mit dem alten, im Körper gespeicherten Stress und den dazugehörigen Emotionen erlebt – also die doppelte Ladung. Die Krise bringt persönliche Lebensthemen hoch und wir haben die Wahl. Wir können Dinge ausblenden, uns betäuben oder uns den Herausforderungen stellen und daran wachsen. Der Weg des Wachsens ist der Weg der Resilienz.

Wie ziehe ich mich an den eigenen Haaren aus dem Sumpf?
Dem Thema Resilienz können wir uns gut durch Fragen nähern. Wir können uns zum Beispiel fragen: Was bleibt bei all der Veränderung in meinem Leben stabil? Wo finde ich Zuversicht, Vertrauen und die Kraft, trotz alldem weiterzumachen? Wo finde ich Inseln der Freude zum Auftanken? Wer ist an meiner Seite und unterstützt mich, wenn es mir nicht gut geht? Wenn niemand da ist: Wie ziehe ich mich an den eigenen Haaren aus dem Sumpf? Und wie zeigt mein Körper mir dabei den Weg?

2020 ist auch das Jahr, in dem ich dieses Buch schreibe. Resilienz – Antworten zu finden auf all diese Fragen – ist mir ein Herzensanliegen. Zunächst für mich selbst aufgrund meiner Lebensgeschichte, außerdem seit 30 Jahren als Therapeutin für meine Klientinnen und jetzt für Sie, liebe Leserinnen und Leser.

Resilienz war schon immer ein natürlicher Teil meines Lebens. Mein Vater lebte sie mir vor. Er war ein äußerst resilienter Mensch. Er erlebte zwei Weltkriege und die Weltwirtschaftskrise, fing beruflich dreimal ganz von vorne an und flüchtete mit uns als kleinen Kindern in den Westen, um sich eine neue Existenz aufzubauen. Das Dorf, in dem unser erstes ärmliches Zuhause war, hatte keine Straßennamen, nur Hausnummern. Wir wohnten in Haus Nummer 39, neben der Kirche. Da mein Vater eine »ordentliche Adresse« brauchte, benannte er sie kurzerhand um. Wir wohnten nun Am Kirchplatz 39. Heute undenkbar. Damals war es offensichtlich möglich.

Kinder lernen durch Vorbilder. Ich lernte von meinem Vater, wie man immer wieder nach vorne schaut, kreative Lösungen findet, nicht verzweifelt, sondern durchhält und weitermacht. Manchmal hätte ich mir gewünscht, er hätte mir mehr darüber erzählt, *wie* er das macht. Doch in seiner Generation war wenig Platz für Psychologie.

Psychologie und Therapie als Luxus und Chance

In den letzten Jahrzehnten sind so viele hervorragende psychotherapeutische Methoden entstanden, die wir für uns nutzen können – vor allem auch körperorientierte Methoden. Selbst wenn wir keine Therapeutin als Gegenüber haben, können wir von allgemein verfügbarem Wissen in Büchern oder im Internet profitieren. Das ist unser Luxus heute und gleichzeitig unsere Verantwortung, unsere Chance.

In Krisenzeiten werden persönliche Themen getriggert. Wer als Kind lange im Gipsbett lag, trägt diese Körpererinnerung in sich. Wer nicht gelernt hat, auf seine innere Stimme zu hören, vertraut womöglich den falschen Menschen. Wer viel alte Schockenergie im Körper gespeichert hat, gerät schneller in Angst und Panik. Und wer als Kind geschlagen wurde, hat noch verinnerlicht, dass es sinnlos ist, sich zu wehren.

Heute haben wir glücklicherweise die Möglichkeit, an unserer Lebensgeschichte zu arbeiten. Dabei werden wir zwangsläufig mit den Traumata unserer Familie, Vorfahren und Gesellschaft konfrontiert. Wir haben die Chance, eine enorme Befreiung zu erleben, wenn in alten Traumata gespeicherte Überlebensenergie sich in Lebenskraft für das Jetzt umwandelt.

Ich hatte das große Glück, zum richtigen Zeitpunkt Somatic Experiencing (SE)[1] nach Dr. Peter Levine kennenzulernen. Somatic Experiencing (SE) ist ein körperbezogener,

---

1 Somatic Experiencing (SE)® ist eine eingetragene Marke. Im Folgenden wird auf den wiederholten Hinweis auf die Schutzrechte durch die Registered Trade Mark verzichtet.

ressourcenorientierter Ansatz in der Psycho- und Traumatherapie. Der Name »Somatic Experiencing« – den Körper erleben – sagt es schon: Es geht darum, immer wieder zu spüren, wie sich etwas im Körper anfühlt.

Dieses Buch mit seinen Übungen ist auf der Grundlage von SE entstanden. Ich arbeite damit seit fast 15 Jahren in meiner Praxis und natürlich auch mit mir selbst. Was ich Ihnen hier vermittle, habe ich zutiefst verinnerlicht.

Füllen Sie Ihre ganz persönliche Resilienz-Schatzkiste

Resilienz ist unsichtbar. Sie fällt nicht so auf wie Charme, Selbstbewusstsein oder Charisma. Sie ist eine innere Kraft: die Kraft, nicht an Schlimmem zu zerbrechen, sondern stärker daraus hervorzugehen. Die Kraft, mit Schwierigkeiten fertigzuwerden und an Erfahrungen zu wachsen, nicht nur bei den großen Traumata, sondern auch bei den vielen kleineren und größeren Herausforderungen des Alltags.

Wenn ich Filme ansehe, fällt mir immer wieder auf, dass die Protagonisten bei Stress automatisch zur Zigarette oder zu Alkohol greifen. Wie wäre es, wenn sie andere Werkzeuge zur Verfügung hätten, um sich zu regulieren?

Im Jahr 2020 habe ich mein Handwerkszeug für Resilienz so oft, so intensiv und so bewusst angewendet wie nie zuvor. Handwerkszeug klingt so technisch. Sagen wir lieber: meine persönliche Resilienz-Schatzkiste. Wenn ich den Deckel hochhebe, funkeln mir kleine Diamanten entgegen, Licht, das ich in dunklen Stunden gebrauchen kann. Das Schönste ist, dass meine Schatzkiste immer voller wird. Es kommen stetig neue große und kleine Schätze hinein. Und sobald die Kiste voll ist, wächst sie einfach mit und wird größer.

Ich lade Sie mit diesem Buch ein, liebe Leserinnen und Leser, Ihre ganz persönliche Resilienz-Schatzkiste zu füllen.

Resilienz konkret!

Resilienz ist das Grundgefühl von: »Ich schaffe es. Und wenn es mal ganz schwierig wird, habe ich das Wissen, das Handwerkszeug und die Erfahrung, wie ich wieder in meine Kraft kommen kann.« Diese Fähigkeit hilft, sich nicht unterkriegen zu lassen, immer wieder in die eigene Mitte zu finden, Energie zu tanken und im Leben weiterzugehen. Ganz konkret brauchen wir Resilienz im Alltag, um bei Herausforderungen …

- uns selbst zu beruhigen,
- unsere Gedanken zu steuern,
- Emotionen zu regulieren,
- Grenzen wahrzunehmen,
- Grenzen zu setzen,
- schwere Zeiten zu überstehen,
- positive Energien zu aktivieren,
- immer wieder Mut zu fassen,
- wieder handlungsfähig zu werden und
- das Leben zu genießen – trotz allem.

Warum der Weg über den Körper?

Resilienz wird oft als psychische Widerstandskraft bezeichnet. Ich möchte diese Definition erweitern zu »psychische Widerstandskraft, die im Körper spürbar ist«.

Spüren ist langsamer als Denken. Spüren braucht Zeit. Ich lade Sie ein, sich mit diesem Buch Zeit zu lassen. Nehmen Sie sich die Zeit, Ihre eigenen Antworten auf meine Fragen zu finden und sie wirken zu lassen, vor allem in Ihrem Körper. Das klingt vielleicht erst einmal neu oder fremd, denn Resilienz wird meist auf der Ebene des Denkens oder der Emotionen behandelt. Der Körper kommt dabei selten vor. Doch nach meiner Erfahrung ist nur verkörperte Resilienz echte Resilienz. Was nützt ein willensstarker Kopf auf einem angsterfüllten Körper?

Kommen Sie mit mir auf die Reise. Wenn im Außen vieles wegbricht, brauchen Sie ein starkes Innen. Das können Sie sich erschaffen, Schritt für Schritt und immer wieder neu. Ich nehme Sie mit und zeige Ihnen einen roten Faden. Wenn Sie dranbleiben, wird Ihre Resilienz-Schatzkiste sich mit Ihren ganz persönlichen Antworten und Ressourcen füllen.

Ich stelle Ihnen meine Erfahrungen mit Resilienz und mein daraus gewonnenes Wissen zur Verfügung. Sie bekommen von mir viele Tipps zur praktischen Anwendung und Umsetzung. Wenn Sie an zusätzlichen theoretischen Hintergründen interessiert sind, erhalten Sie Tipps zum Weiterlesen. Vor allem möchte ich Sie vom Denken ins Erleben und Erfahren begleiten und Sie einladen, Ihren Körper als erstaunliches Wunderwerk wahrzunehmen.

Unser Körpergefühl beeinflusst unser Lebensgefühl – und umgekehrt

Sie kennen das: Wenn Sie miserabel geschlafen haben, verspannt sind oder Schmerzen haben, fühlen Sie sich eher schlecht gelaunt. Wenn Ihr Körper unter Hochspannung steht, erleben Sie eher als sonst Unruhe, Ungeduld oder Aggression. Fühlen Sie sich jedoch gut erholt und entspannt, sind Sie ganz natürlich eher optimistisch, packen Dinge an, sind freundlich und leben Ihre besten Seiten.

Was liegt also näher, als gut für Ihren Körper zu sorgen? Was liegt näher, als Ihr Körpergefühl positiv zu beeinflussen, damit Sie sich insgesamt stärker fühlen und den Anforderungen besser gewachsen sind?

Das ist die eine Seite. Ihr Körperzustand beeinflusst Ihre Gedanken und Gefühle. Die andere Seite ist, dass Ihr Körper sofort auf jeden Ihrer Gedanken reagiert. Körper, Gedanken und Gefühle bilden ein untrennbares Netzwerk. Daher werden auch Ihr Denken und Ihre Fähigkeit, es bewusst zu steuern, eine große Rolle in diesem Buch spielen.

Schritt für Schritt zur Selbstregulation

Auch wenn es vielleicht ungewohnt für Sie ist, kann das Spüren Ihres Körpers Ihnen dabei helfen, neue Einsichten zu gewinnen, destruktiven Gedanken weniger Macht zu geben oder hilfreiche Erkenntnisse zu verinnerlichen. Lassen Sie sich überraschen. Stellen Sie sich vor, dass Ihnen eine schöne Melodie nicht aus dem Kopf geht und da kein Raum für Sorgen ist – wie wohltuend!

Für jedes Elektrogerät bekommen wir eine Gebrauchsanweisung. Für unser Gehirn nicht und für unseren Körper ebenfalls nicht. Wir lernen in der Schule Faktenwissen, aber nicht, wie wir bewusst *in* unserem Körper sein können und wie wir unsere Körperintelligenz für unsere Bedürfnisse und unser Wohlbefinden nutzen. Wir lernen nicht, uns bei Stress zu regulieren, und wir erfahren nicht, was uns hilft, im Körper festgehaltene Spannung loszulassen.

Ich stelle Ihnen in diesem Buch den SE-Weg vor, Resilienz im Körper zu erfahren und zu verankern. Es ist kein fest vorgegebener Weg, vielmehr eine Art Tanz. Man muss wissen, wann man in den Körper spüren darf und wann nicht, wann das Spüren kontraproduktiv ist und die Anspannung sogar verstärkt und wann durch eine bestimmte Art des Spürens sich etwas im Körper zu lösen beginnt, sodass die Spannung endlich abfließen kann.

Ich biete Ihnen dafür viele Übungen an: Wenn Sie schwer entspannen können, finden Sie Anregungen, wie Sie innerlich zur Ruhe kommen. Wenn Sie dazu neigen, sich selbst immer wieder zu überfordern, zeige ich Ihnen, wie Sie sich mehr und mehr spüren und so Ihre Bedürfnisse und Grenzen wahrnehmen. Wenn Sie sich oft Sorgen machen und gedanklich um bestimmte Themen kreisen, lade ich Sie ein, andere Ebenen Ihrer Erfahrung zu erkunden. Wenn Sie unter Angstzuständen oder Panikattacken leiden, stelle ich Ihnen Wege vor, Ihre Ressourcen zu erforschen und Mut und Vertrauen in Ihrem Körper zu verankern. Wenn Sie nachts wach liegen und nicht wieder einschlafen können, gibt es kleine Tricks, den Körper zum Schlafen einzuladen.

In jedem Kapitel wird dabei ein neuer Aspekt deutlich und Sie lernen anhand praktischer Übungen, wie Sie sich selbst regulieren können.

Erfahrungswissen und konkrete Übungen

Dieses Buch ist in meiner täglichen Arbeit entstanden. Ich begleite mit SE viele tiefgehende Prozesse, bei denen sich frühes Trauma und chronischer Stress im Körper lösen. Während dieser Sitzungen reden wir wenig und spüren viel.

Ich begleite jedoch auch viele Klienten, die mit einem ganz konkreten Thema zu mir kommen und mich gleich am Anfang fragen: Was kann ich tun, wenn …? Was kann ich tun, wenn die Angstwellen kommen? Was kann ich tun, wenn ich mir zu viele Sorgen mache? Was kann ich tun, wenn ich den Mut verliere? Diese Fragen zeigen den großen Wunsch, sich in schwierigen Situationen selbst helfen zu können. Wenn ich sie mit einem Ratschlag auf der reinen Verstandesebene beantworte, wird das meist nicht viel bewirken. Oder hat Ihnen ein Tipp wie »Entspann dich!« oder »Fahr mal runter!« schon einmal geholfen, als Sie aufgeregt waren?

Wenn mich also eine Klientin fragt: »Was kann ich tun, wenn …?«, dann erforschen wir gemeinsam, welche Möglichkeiten es *für sie* gibt, und sie erfährt dabei, wie ihr Körpergefühl sich verändert. Sie entwickelt Ideen, was sie das nächste Mal in ihrem Alltag selbst ausprobieren kann. Mit ihrer persönlichen Erfahrung und mit dem

Körperwissen, dass sich etwas von innen heraus positiv verändert hat, kann sie nun flexibler auf Situationen reagieren.

Auf diese Weise ist ein großer bunter Blumenstrauß an Möglichkeiten entstanden, sich selbst zu regulieren. Immer ist der Körper mit einbezogen. Diese Übungen stelle ich Ihnen hier vor. Sie sind das Geländer, an dem Sie sich festhalten können, während Sie Ihre Resilienz immer weiter erforschen und stärken.

Aus diesem Repertoire können Sie selbst aussuchen, was Sie anspricht, und Ihre eigenen Erfahrungen damit machen. Vor allem möchte ich Sie neugierig machen auf sich selbst, auf Ihre Ressourcen, die Ihnen bis jetzt durch schwierige Zeiten geholfen haben und die Sie auch in Zukunft tragen werden. Ich möchte Sie neugierig machen auf die Weisheit Ihres Körpers, der all diese Ressourcen entweder schon gespeichert hat oder sie jetzt abspeichern möchte, damit sie für Sie jederzeit abrufbar werden.

Ich werde keine wissenschaftlichen Studien zitieren. Das ist nicht mein Anliegen. Ich will Ihren Kopf nicht weiter füttern. Von mir bekommen Sie Erfahrungswissen aus 30 Jahren Praxis und konkrete Übungen. Ich möchte Ihr Herz ansprechen und Sie *in Ihren Körper* bringen. Wenn Sie beim Lesen Resonanz erleben – etwas berührt Sie spontan –, wissen Sie intuitiv, dass gerade diese Übung oder eine von mir beschriebene Erfahrung Sie besonders anspricht.

Das Wichtigste beim Lesen dieses Buches ist das, was Sie dabei *erleben.* Daher meine Empfehlung: Halten Sie immer wieder inne und geben Sie sich den Raum und die Zeit, nachzuspüren und zu erleben, auf allen Ebenen und ganz besonders in Ihrem Körper.

Noch einige generelle Anmerkungen: Wenn ich Beispiele von Klientinnen erzähle, habe ich diese so anonymisiert, dass sie nicht erkennbar sind. Wiederholungen im Text sind beabsichtigt. Wir lernen durch Wiederholung. Wir werden die ganze Zeit durch Werbung, Medieninhalte oder Propaganda beeinflusst, und das geschieht durch permanente Wiederholung, großenteils ohne dass wir es bewusst wahrnehmen. Es ist kaum möglich, sich dem zu entziehen.

In diesem Buch möchte ich Ihnen jedoch zeigen, wie *Sie selbst entscheiden,* sich zu verändern, wenn Sie das wollen, wie Sie Resilienz entwickeln und damit mehr kraftvolle Lebensenergie. Ich zeige Ihnen einen Weg, wie Sie sich selbst beeinflussen können, und zwar auf eine positive und konstruktive Weise. Das ist mein Anliegen. Ich finde, diese Botschaft kann gar nicht oft genug wiederholt werden. Sie haben es in der Hand, Ihre innere Kraft zu steigern. Dazu werde ich in Ihnen in jedem Kapitel einen neuen Aspekt vorstellen und Ihnen erläutern, wie Ihr Körper Ihnen den Weg weist, wenn Sie Schritt für Schritt diesem roten Faden folgen.

Entgegen dem allgemeinen Trend habe ich mich entschieden, nicht zu gendern. Ich arbeite überwiegend mit Klientinnen und werde mich sprachlich meist an meine Leserinnen wenden. Bitte, liebe Leser, fühlen Sie sich von Herzen mit angesprochen.

Machen Sie Resilienz zu Ihrem Projekt!

Wie wäre es, wenn Sie Resilienz für die nächste Zeit zu Ihrem Projekt machen? 24 Stunden am Tag. So, dass es immer im Hintergrund läuft, auch während Sie mit Ihren Alltagsdingen beschäftigt sind. Was haben Sie zu verlieren? Ein bisschen Zeit. Und was können Sie dabei gewinnen?

Halten Sie kurz inne. Das ist eine wichtige Frage. Woran werden Sie merken, dass Sie resilienter geworden sind? Was wird sich verändert haben – in Ihrer Art zu denken, zu fühlen und vor allem in Ihrer Verbindung mit Ihrem Körper?

Legen Sie am besten das Buch kurz hin und gehen Sie nach innen. Was verändert sich vielleicht schon gerade *jetzt,* wenn Sie sich die Zeit nehmen, sich auszumalen, wie sich mehr Resilienz positiv auf Ihr Leben auswirken könnte?

Ich glaube, wenn Sie sich durch mein Buch angesprochen fühlen, gibt es etwas in Ihnen, das in Resonanz damit geht: eine Erinnerung daran, wie Ihr Körper Ihnen schon einmal den Weg im Leben gewiesen hat, oder eine Ahnung davon, was Sie erwarten könnte, eine Neugier, eine Faszination. Folgen Sie mit mir dieser Spur, der Spur Ihres *Körperwissens*. Es lohnt sich.

SICH FREUNDLICH DEM KÖRPER ZUWENDEN

Und dann muss man ja auch noch Zeit haben,
einfach dazusitzen und vor sich hin zu schauen.

Astrid Lindgren

DER ERSTE SCHRITT: FREUNDLICHE AUFMERKSAMKEIT FÜR IHREN KÖRPER

Wenn wir Resilienz im Körper spüren und verankern wollen, brauchen wir eine bestimmte Form der Körperwahrnehmung. Somatic Experiencing heißt »den Körper erleben – jetzt«. Fangen wir gleich damit an.

In den letzten Jahren ist ein Bewusstsein dafür entstanden, dass Erkenntnisse und Einsichten allein eingefahrene Verhaltensmuster nicht verändern. Wir können uns noch so sehr vornehmen, in einer bestimmten Situation cool zu bleiben. Werden wir getriggert, also in ein früheres Trauma gestoßen, ist es vorbei mit unseren guten Vorsätzen. Dann übernimmt der Körper die Regie und wir reagieren automatisch. Für echte Veränderungen brauchen wir also unseren Körper als Verbündeten.

Der Umgang mit Stress ist im Körper als Überlebenssystem angelegt, und zwar imvegetativen oder autonomen Nervensystem. Dieses ist, wie der Name schon sagt, für Körperfunktionen zuständig, die man nicht willentlich steuern kann: zum Beispiel Atmung, Herzschlag, Verdauung oder Stoffwechsel. Anders als das willkürliche Nervensystem, das für bewusste Bewegung zuständig ist und das zum Beispiel bei gezieltem Muskeltraining beteiligt ist, lässt sich das vegetative Nervensystem nicht mit dem Willen beeinflussen. Wir können es nur *einladen*. Genau das machen wir mit Somatic Experiencing. Ein wesentliches Element dabei ist unsere Aufmerksamkeit.

Welche Qualität der Körperwahrnehmung benötigen wir, um Resilienz im Körper erleben und verankern zu können? Als ersten Schritt brauchen wir eine freundliche Aufmerksamkeit für den eigenen Körper.

Es ist die Qualität eines offenen Herzens, mit der Sie sich zum Beispiel einem Kind zuwenden, das Sie eine Weile nicht gesehen haben, und jetzt sind Sie neugierig, wie es ihm gerade geht. Ein Kind, für das Sie da sein wollen, mit dem Sie sich gemeinsam freuen oder das Sie trösten oder aufmuntern wollen. Mit dem Wissen, dass alles, was es gerade erlebt, sich auch wieder verändern wird. Mit der Absicht, dem Kind Halt zu geben. Das ist die Qualität von Aufmerksamkeit, mit der wir uns unserem Körper zuwenden.

Jetzt möchte ich Sie zu einigen Übungen einladen, in denen Sie Ihre Wahrnehmung für sich selbst und Ihren Körper erforschen.

Es ist ein allererstes Spüren, ein vorsichtiges Sich-Annähern an das Körperspüren. Vielleicht ist das ungewohnt für Sie. Ich denke, es ist für sehr viele Menschen ungewohnt. Sie sind also nicht allein. Deshalb gebe ich Ihnen die folgende Empfehlung.

Denken Sie daran: Es darf kurz sein. Auch wenn Sie erst einmal nichts oder wenig spüren, das kommt! Erst einmal nehmen Sie nur Kontakt auf. Es darf leichtfallen!

Freundliche Aufmerksamkeit bedeutet, mit offenem Herzen da und zugewandt zu sein.

Wie erlebe ich jetzt gerade meinen Körper?

Halten Sie kurz inne, nur für ein paar Sekunden, und richten Sie Ihre Aufmerksamkeit ganz auf sich selbst. Schieben Sie dafür alles, woran Sie gerade gedacht haben oder was Sie noch erledigen müssen für eine Weile freundlich beiseite.
Was erleben Sie dabei gerade? Wie nehmen Sie Ihren Körper jetzt gerade wahr?
Alles ist möglich, es gibt kein Richtig und kein Falsch. Spüren Sie erst einmal nur kurz hin, so gut Sie können.
Es kann zum Beispiel sein, dass Sie dabei Folgendes spüren: Wie Ihr Rücken an der Rückenlehne anlehnt, wo Sie Kontakt mit der Sitzfläche haben, wie Ihre Füße auf dem Boden stehen, die Position Ihrer Arme und Hände.

Es kann auch sein, dass Sie Unterschiede spüren:

- *Ist Ihnen eher warm oder eher kalt? Ist das im ganzen Körper gleich? Oder gibt es Unterschiede?*
- *Wie fühlen sich Ihre Füße an: eher kalt oder eher warm? Fühlen sich beide Füße gleich an oder gibt es Unterschiede?*
- *Und Ihre Hände, sind sie eher kalt oder eher warm? Fühlen sich beide Hände gleich an oder gibt es Unterschiede?*

Denken Sie daran: Es gibt kein Richtig und kein Falsch. Es geht ausschließlich um die reine Wahrnehmung.

Oder etwas anderes steht im Fokus: Fühlen Sie sich eher locker oder eher angespannt? Ist das im ganzen Körper gleich oder gibt es Unterschiede? Sitzen Sie entspannt oder sind Sie ein bisschen auf dem Sprung? Halten Sie Ihren Oberkörper eher aufrecht oder lehnen Sie sich mehr nach hinten an? Sind Ihre Schultern eher locker oder eher fest? Wo im Körper ist es gerade angespannt? Und wo im Körper fühlt es sich lockerer an?

WAHRNEHMEN, OHNE ZU BEWERTEN

Bei dieser ersten Übung ist es spannend festzustellen, ob Sie bei der reinen Körperwahrnehmung bleiben können, zum Beispiel: »Meine Schultern sind etwas angespannt«, oder ob sofort eine Bewertung dabei aufgetaucht ist wie: »Das will ich nicht, ich sollte doch lockerer sein!«

Deshalb hier mein Mantra, das ich immer wieder wiederholen werde: Seien Sie freundlich mit sich. Es ist normal, dass Sie Muskeln anspannen, wenn Sie Stress haben. Es ist pure Biologie, Ihr Körper macht sich bereit, es mit dem Stressobjekt aufzunehmen. Dazu später mehr. Hier erst einmal: Es gibt keinen Grund, sich dafür zu kritisieren.

Noch ein Wort zu Schmerzen. Wenn Sie bei dieser Körperspürübung an irgendeiner Stelle auf Schmerzen stoßen und mit Ihrer Aufmerksamkeit dort hängen bleiben, weil Sie verständlicherweise diese Schmerzen nicht erleben wollen, sagen oder denken Sie so neutral wie möglich »Schmerz« und wandern dann mit Ihrer Aufmerksamkeit weiter durch Ihren Körper.

»Ah!« Wahrnehmen, ohne zu bewerten

Machen Sie nun die gleiche Körperwahrnehmungsübung noch einmal. Lenken Sie Ihre Aufmerksamkeit bewusst nach innen und fragen Sie sich: Was erlebe ich gerade? Wie nehme ich meinen Körper jetzt gerade wahr? Nehmen Sie dabei wieder ganz bewusst eine offene, freundliche, neugierige Haltung ein.

Doch dieses Mal achten Sie zusätzlich darauf, ob dabei Gedanken auftauchen, mit denen Sie sich für etwas kritisieren. Dann sagen oder denken Sie freundlich »Ah!« und bewerten es nicht weiter.

Zum Beispiel bemerken Sie, dass Sie Ihre Zähne fest aufeinanderbeißen. Sie sagen oder denken freundlich »Ah!« und »So ist das gerade, ich beiße die Zähne fest aufeinander«. Sie bewerten es nicht weiter. Es ist, wie es ist.

Dann wandern Sie mit offener, neugieriger Aufmerksamkeit weiter durch Ihren Körper und bleiben gespannt, was Sie als Nächstes bemerken.

Die Aufmerksamkeit bewusst steuern

Wie ist es Ihnen ergangen? Konnten Sie mit Ihrer Aufmerksamkeit bei Ihrem Körper bleiben? Oder haben sich weitere Gedanken dazwischengedrängt, die Sie vom Spüren ablenken? Ich möchte Sie milde mit sich selbst stimmen, es ist völlig normal, dass wir beim Spüren immer wieder ins Denken abdriften.

Deshalb brauchen wir einen Weg, wie wir damit umgehen können. Dieser Weg ist das freundliche und bewusste Lenken unserer Aufmerksamkeit. Darum geht es in der nächsten Übung.

»Gedanke« – meine Aufmerksamkeit bewusst lenken

Machen Sie nun die gleiche Übung noch einmal mit dieser offenen, freundlichen, neugierigen Haltung: Ah, da ist es jetzt gerade warm und dort kühl in meinem Körper, ah, meine Schultern sind ziemlich fest, aber der Hals ist lockerer. Aha, ich sitze richtig fest auf dem Stuhl. Oder: Aha, ich bin ein bisschen auf dem Sprung, ich habe ja noch so viel zu tun, ich muss ja gleich noch …

Achten Sie dabei darauf, ob zwischendurch Gedanken an irgendetwas anderes auftauchen. Wie leicht oder wie schwer ist es für Sie, mit Ihrer Aufmerksamkeit im Körper zu bleiben? Seien Sie auch hier ganz freundlich und liebevoll mit sich. Vielleicht ist es ungewohnt für Sie, Ihrem Körper diese Art von Aufmerksamkeit zu geben.

Jedes Mal, wenn Ihre Gedanken abschweifen, sagen oder denken Sie ein freundliches »Gedanke« und lenken Ihre Aufmerksamkeit ebenso freundlich wieder zu Ihrer Körperwahrnehmung zurück.

Dann wandern Sie mit offener, neugieriger Aufmerksamkeit weiter durch Ihren Körper und bleiben gespannt, was Sie als Nächstes bemerken.

Stresslevel und Gedankenaktivität

Wenn Sie diese Übung öfter machen, werden Sie sicher Unterschiede wahrnehmen. An manchen Tagen ist es kaum möglich, sich beim Spüren nicht von den eigenen Gedanken verführen zu lassen. An anderen Tagen fällt es auf einmal viel leichter, sich in die Körperwahrnehmung zu vertiefen. Wie kommt das?

Unsere Gedankenaktivität hängt unter anderem mit unserem Stresslevel zusammen. Damit meine ich an dieser Stelle nicht den äußeren Stress, also aktuelle Probleme und Anforderungen im Leben. Mit Stresslevel meine ich den inneren Stress, der im Körper erlebt wird und der stark schwanken kann, unabhängig von der äußeren Situation. Innerer Stress zeigt sich zum Beispiel in dauerangespannten Muskeln wie hochgezogenen Schultern, die man gar nicht mehr bewusst wahrnimmt, oder in einem hochgradig erregten Nervensystem, das nur schwer herunterfahren kann.

Meine Erfahrung ist: Je höher der innere Stresslevel, desto schneller drehen sich die Gedanken im Kreis.

Daher wenden wir uns jetzt dem inneren Stresslevel zu, um vertrauter damit zu werden und besser zu verstehen, welche Auswirkungen dieser die ganze Zeit auf unser Lebensgefühl hat. Wir verwenden einfach Ziffern, um den Level zu definieren: 0 steht für Tiefenentspannung, 10 für Ihr Maximum an Anspannung. Nach der Übung erfahren Sie noch etwas mehr zu dieser Skala.

Drei Fragen zu meinem inneren Stresslevel

Stellen Sie sich nun diese drei Fragen:

1. ***Wie hoch ist mein innerer Stresslevel jetzt gerade auf einer Skala von 0 bis 10?*** *– Am besten beantworten Sie diese Frage spontan aus dem Bauch heraus. Mit der Zeit bekommen Sie ein immer besseres Gefühl dafür.*
2. ***Wie hoch ist mein Grundspannungspegel normalerweise auf der Skala von 0 bis 10?*** *– Mit Grundspannungspegel meine ich den Stresslevel, auf den sich Ihr Nervensystem immer wieder einpendelt.*
3. ***Wo lag in der letzten Zeit der niedrigste Wert auf meiner inneren Stressskala von 0 bis 10?*** *– Sollten Sie gerade sehr belastet sein, gibt es vielleicht trotz allem Inseln, in denen Sie innerlich zur Ruhe kommen.*

DIE STRESSSKALA VON 0 BIS 10

Diese drei Fragen möchte ich Ihnen sehr ans Herz legen. Sie können sie sich immer wieder stellen und sich dabei besser kennenlernen. Zu wissen, wo Sie sich gerade auf der Stressskala aufhalten, kann Ihnen helfen zu verstehen, was Sie hochfahren lässt, warum Sie manchmal auf eine bestimmte Weise reagieren und wo Ihre Inseln der Erholung und inneren Ruhe liegen.

Schauen wir uns zuerst die Skala von 0 bis 10 mit ihren Abstufungen von innerem Stress genauer an. In Somatic Experiencing ist der Fachbegriff für diesen Stress »Aktivierung«. Ich spreche gern von »Ladung«, denn es geht um die Frage »Wie gelassen oder geladen bin ich gerade?«.

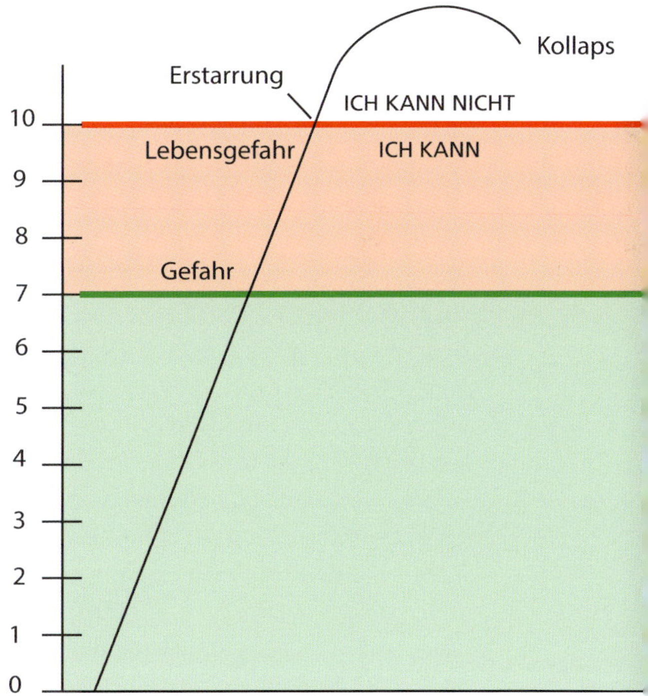

Die Stressskala

0 = Tiefenentspannung, ein Gefühl von tiefem Frieden
1 bis 2 = angenehme innere Ruhe und Entspannung
3 bis 4 = angenehme Handlungsaktivität, Herausforderungen sind machbar
5 bis 6 = Aktivität mit steigendem innerem Druck, dabei klares Denken
7 bis 8 = Gefahr und Anspannung im Körper, der Blick verengt sich, klare Gedanken schwer möglich
9 = Lebensgefahr im Körper, der Fokus liegt auf dem Überleben
10 = Erstarrung, Wechsel von »Ich kann« zu »Ich kann nicht«

IM ROTEN UND IM GRÜNEN BEREICH

Auf der Abbildung sehen wir eine Linie – die Stresskurve – und einen roten und einen grünen Bereich. Die Grenze zwischen beiden Bereichen liegt bei 7.

Der grüne Bereich von 0 bis 7 umfasst eine große Spannbreite und fühlt sich höchst unterschiedlich an – von Tiefenentspannung bis hin zu einem Stresslevel, der bereits als ziemlich unangenehm empfunden wird. Allen diesen Stufen ist gemeinsam, dass wir im grünen Bereich noch *bewusst handeln,* während wir im roten Bereich eher *reagieren.*

Schauen wir uns den grünen Bereich ein bisschen genauer an.

Im grünen Bereich

0 ist ein seltener Zustand des vollkommenen inneren Friedens, ein Zustand von Nichts-Wollen, Nichts-Müssen; alles ist gut so, wie es gerade ist. Dieser Zustand ist ein Geschenk, er lässt sich nicht willentlich herbeiholen. Wir können ihn nur einladen, durch Meditation, durch Körperübungen, durch Lenken unserer Aufmerksamkeit auf die Ressourcen in unserem Leben und durch Nachspüren. Er tritt ein, wenn das Denken fast vollkommen zur Ruhe gekommen ist und das Sein in den Vordergrund tritt.

1 und 2 sind ebenfalls kostbare Momente innerer Ruhe. Sie liegen schon etwas näher am Alltagserleben und der Alltagsaktivität.

Meiner Erfahrung nach liegt ein angenehmes Alltagslevel bei 3 und 4 – mit Ausschlägen nach oben zur 5 und dann wieder einer Regulierung zu 3 oder 4. Auch wenn latent ein Bewusstsein für Belastendes im Leben da ist, wirkt das nicht niederdrückend. Bei 3 und 4 ist genügend Handlungsenergie da, um Herausforderungen anzupacken.

5 und 6 fühlen sich schon unangenehmer an. Hier drängt sich das Erleben von negativem Stress und Anspannung in den Vordergrund. Doch solange wir uns auf der Stressskala im grünen Bereich, also unter 7, aufhalten, können wir immer noch klar denken und behalten den Überblick, auch wenn wir vielleicht unter Druck stehen. Unser Großhirn steht uns noch mit all seinen Fähigkeiten zur Verfügung. Wir erleben vielleicht Angst oder Wut, können diese Emotionen jedoch kontrollieren. Wir sehen ein Problem und sind gleichzeitig in der Lage, darüber hinauszuschauen und Lösungen zu erkennen. Wir sind handlungsfähig und können entscheiden, ob wir aktiv werden wollen oder nicht. Wir sind gefordert, fühlen uns aber nicht überfordert.

Im roten Bereich

Sobald wir auf der Stressskala im roten Bereich, also bei 7, angekommen sind, erleben wir *im Körper* Gefahr. Das kann eine akute, reale Gefahr sein. Es reicht jedoch auch schon eine Gefahr in der Vorstellung. Der Körper unterscheidet nicht. Ein Beispiel dafür ist die berühmte Zitrone. Sie brauchen sich nur vorzustellen, dass Sie in eine Zitrone beißen würden, und schon erleben Sie »sauer« und verziehen das Gesicht.

Die biologische Reaktion auf Gefahr ist die Bereitschaft zu Kampf, Verteidigung oder Flucht. Unser Organismus befindet sich nun im Notfallmodus. Ursprünglich für die Reaktion auf den Säbelzahntiger gemacht, springt dieser Modus heute auch im Stau an, wenn das Internet ausfällt, bei schlechten Nachrichten oder was auch immer uns in Stress versetzt. Im Ernstfall muss es schnell gehen, es gibt keine Zeit zum Nachdenken. Deshalb reagieren wir im roten Bereich eher, während wir im grünen Bereich noch agieren können.

Je höher auf der Skala wir uns befinden, desto schwerer erträglich wird der innere Stress. Bei 8 steigt das Erleben von Gefahr noch an und bei 9 steigert es sich zu Lebensgefahr, einer existenziellen Bedrohung. Der Verstand schaltet ab, ältere Gehirnteile wie das emotionale Gehirn oder sogar das Reptiliengehirn übernehmen das Kommando. Wir überlegen nicht mehr, wägen nicht mehr ab zwischen verschiedenen Wahlmöglichkeiten, denn dafür ist keine Zeit, es geht gefühlt um Leben oder Tod. Zum Schutz unserer Spezies verfügen wir in dieser Situation über ein Repertoire an Automatikprogrammen und reagieren in Sekundenbruchteilen – und ohne es kontrollieren zu können. Das ist hilfreich, wenn wir vor einem heranrasenden Auto um unser Leben rennen, ohne nachzudenken, jedoch weniger hilfreich, wenn wir explodieren, weil der Partner uns mit einer falschen Bemerkung triggert.

Erstarrung und Kollabieren

Unter 10 auf der Skala sind wir noch im Bereich von *Ich kann.*

Bei Höchststress, also bei 10 auf der Skala, gehen wir in die Erstarrung, in die Schockstarre oder Angststarre, und manchmal – zum Glück nicht immer – in einen inneren Kollaps. Wir können noch so viel Wissen in uns anhäufen: Es bewahrt uns nicht davor, dass bei einer gewissen Menge an Stress unsere primitiven Gehirnteile aktiviert werden, in denen es nur ums Überleben geht. Das ist der Bereich von *Ich kann nicht.*

In der Starre sind wir wie gelähmt vor Schreck und Angst. Wir sind handlungsunfähig. Hat Sie schon mal jemand gefragt: »Warum hast du dich damals nicht gewehrt?« Die Antwort ist mit großer Sicherheit: »Weil ich es nicht konnte.« Und zwar ganz konkret körperlich. Der englische Begriff für die Starre ist *freeze,* Eingefrorensein. Unsere Handlungsimpulse sind in diesem Zustand buchstäblich eingefroren.

Die gute Nachricht ist: Man kann aus der Starre auch *auftauen* und wieder handlungsfähig werden.

Im Kollaps geht das Nervensystem noch einen Schritt weiter: Die Muskeln kollabieren, werden schlaff. Rien ne va plus, nichts geht mehr. Biologisch ist das die Vorbereitung aufs Sterben. Erlebt wird es als depressive Verstimmung oder sogar als Depression. Im Kollaps denkt man: »Es hat ja alles doch keinen Sinn.« Es gibt keine Zukunft.

Auch im kollabierten Zustand kann man weiterleben und mehr oder weniger im Alltag funktionieren, jedoch in eingeschränktem Zustand. Da der Energielevel so niedrig ist, braucht man für das Funktionieren eine enorme Kraft, das Leben wird sehr anstrengend.

Doch auch hier gibt es Hoffnung: Man kann aus dem Kollaps wieder zurück in die Kraft und Lebendigkeit kommen und zuversichtlich in die Zukunft blicken. Im Kapitel *Emotionen im Körper regulieren* ab Seite 104 gehe ich tiefer auf den Kollaps ein und darauf, was man braucht, um wieder zurück in einen niedrigeren Stresslevel zu kommen. Möglicherweise schafft man es mit dem dort vorgestellten Weg allein. Wahrscheinlich braucht man dabei jedoch die Unterstützung von anderen Menschen. Das ist kein Zeichen von Schwäche. Es ist ganz natürlich. Hauptsache, man gibt nicht auf.

Stressskala, Trigger und Resilienz

Die Stresskurve kann mitunter langsam ansteigen, zum Beispiel, wenn sich der Grundspannungspegel über einen längeren Zeitraum immer weiter erhöht. Sie kann aber auch schnell ansteigen, zum Beispiel wenn wir eine schlechte Nachricht erhalten, und sie kann in dieser Situation auch plötzlich ganz nach oben schnellen, bis 10, wenn wir »getriggert« werden. Das heißt: Wir rutschen blitzschnell in ein früheres traumatisches Erleben hinein und erleben zusätzlich zu dem aktuellen Stress auch noch das alte Trauma, so als würde es jetzt gerade geschehen.

Wer eine persönliche Geschichte mit vielen traumatischen Erfahrungen hat, kennt das, leider. Und wir dürfen auch nicht vergessen, dass wir als Teil unserer Familie und unserer Nation eine Geschichte voller unbewältigter Traumata haben, die gerade in der aktuellen Situation getriggert werden können. In diesem Buch gehe ich auf dieses Thema nicht weiter ein. Es würde den Rahmen sprengen. Wer mehr über Traumaheilung mit Somatic Experiencing lesen möchte, dem empfehle ich mein Buch *Was der Körper zu sagen hat.*

Klar ist in allen diesen Fällen: Wir brauchen Resilienz, also die Fähigkeit, uns bei Stress zu regulieren, zu beruhigen und zu motivieren. Denn hoch oben auf der Stressskala sind wir unserem eigenen Stress ausgeliefert. Wir sind nicht wirklich ansprechbar und handeln, als ginge es um unser Leben. In diesem Zustand sollten wir uns zuerst wieder in den grünen Bereich herunterregulieren, damit wir wieder klar denken können und keine übereilten Entscheidungen treffen.

VORSICHTIG ANTIPPEN: WIE SPÜRE ICH STRESS IM KÖRPER?

Bitte machen Sie die folgende Übung nur kurz und nur einmal. Ich möchte Sie auf keinen Fall einladen, tiefer in Ihr Stresserleben einzusteigen. Das kennen Sie sowieso zur Genüge. Wenn Sie resilienter damit umgehen wollen, hilft es Ihnen nicht, den Hauptfokus auf das Problem zu legen. Der Sinn dieser Übung ist nur zu erleben, wo Sie sich dabei auf der Stressskala von 0 bis 10 aufhalten. Diese Einstufung ist meiner Erfahrung nach hilfreich. Deshalb werde ich immer wieder darauf zurückkommen.

Was lässt mich hochfahren?

Wo sind Sie jetzt auf unserer Stressskala von 0 bis 10?

Denken Sie nun an ein Thema, das Ihnen zurzeit ein bisschen Stress bereitet. Wählen Sie ganz bewusst ein kleines Thema! Es geht hier nur um Ihre Veränderung auf der

Skala. Was beginnt sich in Ihrem Körper zu verändern, sobald Sie Ihre Aufmerksamkeit auf dieses Thema lenken?

Vorsicht! Gehen Sie an dieser Stelle nicht zu tief ins Spüren. Es reicht, wenn Sie kurz wahrnehmen, wie Sie innerlich hochfahren und wie der Stresspegel im Körper steigt.

Fragen Sie sich nun, wo Sie jetzt auf der Stressskala von 0 bis 10 gerade sind, und antworten Sie spontan aus dem Bauch heraus.

Dann atmen Sie tief durch, dehnen und strecken sich oder stehen auf und bewegen sich, wie es gerade Ihr Bedürfnis ist. Schauen Sie sich gut im Raum um und kommen Sie ganz zurück in die Gegenwart.

GENÜSSLICH NACHSPÜREN: WIE SPÜRE ICH ETWAS SCHÖNES IM KÖRPER?

Pause. Nun suchen wir nach etwas, das Sie herunterfahren lässt. Diese kleine Übung ist sehr wichtig! Sie können sie so oft machen, wie Sie wollen.

Wann fahre ich herunter?

Wo sind Sie gerade auf unserer Stressskala von 0 bis 10?

Denken Sie nun an etwas Schönes in Ihrem Leben, was auch immer das ist. Es kann ein Mensch sein, der ein Lächeln auf Ihr Gesicht zaubert, wenn Sie an ihn denken. Es kann ein Ort sein, mit dem Sie wertvolle Erinnerungen verbinden, die Ihnen niemand nehmen kann. Was auch immer Ihnen gerade einfällt: Sobald Sie Ihre Aufmerksamkeit darauf lenken – was beginnt sich in Ihrem Körper zu verändern?

Wird es irgendwo warm und weit? Atmen Sie tiefer und langsamer? Spüren Sie irgendwo im Körper, dass Muskeln gerade Anspannung loslassen? Was fällt Ihnen noch auf?

Vielleicht spüren Sie, wie etwas von Ihnen abfällt, und merken, wie Ihr Herzschlag und Ihr Puls sich allmählich normalisieren.

Das alles sind nur Vorschläge. Wenn Sie – wie auch immer – deutlich wahrgenommen haben, dass diese Vorstellung Sie herunterfahren ließ, fragen Sie sich kurz, wo Sie jetzt auf der Stressskala von 0 bis 10 gerade sind. Nehmen Sie jeden kleinen Unterschied zu vorhin wahr und, wenn möglich, genießen Sie!

DER INNERE BEOBACHTER

In den beiden vorherigen Übungen habe ich Sie eingeladen, die Veränderung wahrzunehmen, die beim Gedanken an etwas Stressiges oder an etwas Schönes in Ihrem Körper eintritt. Jetzt gehen wir einen Schritt weiter und installieren eine nützliche Figur: den inneren Beobachter.

Einen inneren Beobachter zu installieren, hilft dabei, nicht hundertprozentig mit dem aktuellen Zustand identifiziert zu sein, sondern nur zu 90 oder 95 Prozent. Dieser kleine Unterschied ist entscheidend. Es entsteht eine innere Distanz, ein gesunder Abstand. Von diesem Punkt aus können wir Einfluss nehmen und etwas verändern. Und noch etwas ist ganz wichtig: Der Beobachter ist nicht kritisch und bewertet nicht. Er ist entweder neutral oder hat einen freundlichen, warmen Blick auf das Geschehen.

Den inneren Beobachter installieren

Fragen Sie sich, wie hoch jetzt gerade Ihr Stresslevel auf der Skala von 0 bis 10 ist, und nehmen Sie gleichzeitig zu circa 10 Prozent eine Art Vogelperspektive ein. Ihrer Fantasie sind dabei keine Grenzen gesetzt. Vielleicht sitzt Ihr innerer Beobachter auf einem Baum, auf dem Sie als Kind gerne gespielt haben, oder in einer Ecke Ihres Zimmers oder auf Ihrem Lieblingsberg weit oben. Von dort aus beobachten Sie sich:

Wo sind Sie jetzt gerade auf der Stressskala von 0 bis 10?

Denken Sie dann an ein kleines Stressthema. Sobald Sie Ihre Aufmerksamkeit darauf lenken, was beginnt sich in Ihrem Körper zu verändern? Dabei tauchen Sie nicht völlig in Ihre Körperempfindungen ein, sondern behalten gleichzeitig etwas inneren Abstand in der Beobachterposition. Es geht hier nur darum, Ihre Veränderung auf der Skala wahrzunehmen, ohne vollkommen in die Erfahrung einzutauchen.

Wo sind Sie jetzt gerade auf der Stressskala von 0 bis 10?

Atmen Sie nun tief durch, legen das Thema innerlich beiseite, dehnen und strecken sich oder bewegen sich ein wenig. Nehmen Sie sich Zeit, sich im Raum umzuschauen und sich zu orientieren.

Wo sind Sie jetzt gerade auf der Stressskala von 0 bis 10?

Denken Sie dann an etwas Schönes in Ihrem Leben. Was beginnt sich in Ihrem Körper zu verändern, sobald Sie Ihre Aufmerksamkeit darauf lenken? Tauchen Sie nicht völlig in Ihre Körperempfindungen ein, sondern behalten Sie gleichzeitig etwas inneren Abstand in der Beobachterposition.

Beenden Sie die Übung mit dem Gedanken an das Schöne.

Verstehen als Ressource

Mit einem inneren Beobachter auf seinem Posten und der Einstufung Ihres momentanen Stresslevels auf der Skala von 0 bis 10 können Sie sich immer fragen:

Bin ich noch im grünen Bereich, das heißt, kann ich noch klar denken? Oder bin ich schon im roten Bereich und mein Körper signalisiert Gefahr? Dann sollte ich vorsichtig sein mit Handlungen, Entscheidungen oder Worten, die vielleicht weitreichende Konsequenzen haben, und mich stattdessen zurückziehen und zuerst in den grünen Bereich herunterregulieren. Bin ich schon in der Erstarrung? Oder sogar im Kollaps?

Mit dem inneren Abstand und der Klarheit, die sich aus diesem Wissen ergibt, können Sie leichter Einfluss nehmen und etwas verändern. Wie das Schritt für Schritt geht, schauen wir uns nach und nach an.

NEUROPLASTIZITÄT – EIN LEBEN LANG MUSTER UMLERNEN

Manche Menschen haben, oft schon früh im Leben, Muster entwickelt, bei bestimmten Auslösern in die Starre oder in den Kollaps zu gehen. Diese automatisierten Muster sind so fein, dass sie größtenteils unbemerkt ablaufen. Sie zeigen sich zum Beispiel darin, dass man ganz oft den Atem anhält, schnell aufgibt oder etwas gar nicht erst versucht.

Die gute Nachricht auch hier: Muster lassen sich wieder verändern, ein Leben lang. Wir können immer umlernen. Es ist nie zu spät. Der Fachbegriff für die Fähigkeit, neue Muster im Nervensystem zu etablieren, ist Neuroplastizität. Je häufiger wir etwas denken, fühlen und spüren, desto leichter wird es. Je besser wir unsere Ressourcen kennen und sie in unserem Körpergedächtnis verankern, desto leichter können wir sie später auch wieder abrufen.

Der menschliche Körper ist ein machtvolles Instrument, um Resilienz zu erleben. Jeder weiß, wie sich Stress im Körper anfühlt. Aber wer nimmt sich schon die Zeit, um der Erleichterung im Körper nachzuspüren, wenn der Stress sich löst? Dabei ist diese Form von Aufmerksamkeit der Schlüssel, um Resilienz und neue Muster im Körper zu verankern.

Empfehlung fürs weitere Arbeiten mit diesem Buch

In diesen ersten Übungen habe ich Sie angeleitet, bewusst zu erleben, wie es sich anfühlt, beim Gedanken an ein Stressthema hochzufahren und bei der Vorstellung von etwas Schönem herunterzufahren. Sie haben einen freundlich und neugierig gesinnten inneren Beobachter installiert, der dafür sorgt, dass Sie dabei eine gewisse Distanz zu Ihrer Erfahrung haben und sie klar benennen können.

Mit der Erfahrung dieser bisherigen Übungen möchte ich Sie einladen, beim weiteren Lesen Ihren Beobachter immer dabeizuhaben und darauf zu achten: Wann fährt Ihr Stresslevel hoch (das heißt, es wird angespannter im Körper) und wann fahren Sie herunter (das heißt, es wird leichter und Sie entspannen)? So können Sie sich beim Lesen berühren lassen, ohne völlig mit der Erfahrung zu verschmelzen.

ANKOMMEN IM HIER UND JETZT

Wenn alles still ist, geschieht am meisten.

Søren Kierkegaard

BASISÜBUNGEN ZUR STABILISIERUNG

Resilienz ist die Fähigkeit, sich bei Stress und in schwierigen Lebenslagen zu regulieren und wieder in die eigene Mitte zu bringen, den Kopf freizubekommen und handlungsfähig zu werden für den nächsten Schritt. Wir erkennen Resilienz an einem klaren Geist und einem energiegeladenen Körper.

In diesem Kapitel stelle ich Ihnen eine Reihe von Übungen vor, mit denen Sie sich jederzeit stabilisieren können, auch zwischendurch. In späteren Kapiteln wird es um Übungen gehen, die Ihnen ganz gezielt in bestimmten Situationen und Gefühlslagen zu mehr Resilienz verhelfen. Dann werden Sie lernen, die Regisseurin Ihrer Vorstellungskraft und Ihrer inneren Filme zu werden, deren Einfluss auf Ihr Körper- und Lebensgefühl zu erforschen und gezielt zu Ihrem Besten einzusetzen.

Die folgenden Übungen sind also erst einmal Basisübungen zur Stabilisierung, die Sie immer wieder machen können. Je öfter Sie diese Übungen wiederholen, desto mehr gehen sie in Ihr Körpergedächtnis über und werden immer leichter abrufbar.

Dabei helfen Ihnen die Übungen aus dem ersten Kapitel: Das freundliche Dem-Körper-zugewandt-Sein, das Wahrnehmen, ohne zu bewerten, beim Abschweifen in Gedanken diese ebenso freundlich benennen und sich dann wieder dem Spüren zuwenden, den inneren Beobachter aktivieren.

Allen Übungen gemeinsam ist die zentrale Rolle Ihrer Aufmerksamkeit. Sie werden sich beim Üben immer bewusster, wo Sie mit Ihrer Aufmerksamkeit gerade sind: in Gedanken, bei Problemen, auf der Suche nach Lösungen, in Fantasien, im Körper, bei Verspannungen oder Schmerzen, an wohligen Stellen im Körper, draußen, im Raum oder bei einem anderen Menschen, in der Gegenwart, Vergangenheit oder Zukunft. Es gibt so viele Möglichkeiten, worauf Sie gerade fokussiert sein können. Entweder unbewusst – oder mit diesen Übungen immer bewusster. Sie sind die Chefin über Ihre Aufmerksamkeit!

Warum betone ich so sehr und immer wieder den Körper? Warum ist es so wichtig, sich zu spüren? Genügt es nicht, sich in irgendeinen schönen Tagtraum wegzubeamen und in dieser Blase wohlzufühlen?

Nein, aus meiner Sicht genügt das nicht. Es ist ein Unterschied, ob wir irgendwo glücklich schweben oder ob wir den Raum in unserem Körper einnehmen und darin zu Hause und präsent sind.

Präsenz braucht den Körper, ebenso wie Kraft den Körper braucht. Ich meine wahre Kraft, nicht unkontrolliert aus dem Überlebensinstinkt heraus entladene Aggression. Kraft, um das Leben zu meistern, die alltäglichen Anforderungen zu erfüllen, Forderungen zu stellen, Grenzen zu setzen, die Freude in dieser Lebensenergie zu erfahren.

Für all das brauchen wir unseren Körper. Lebenskraft kann man nur im Körper spüren.

Die Stressskala in der Praxis

Im ersten Kapitel habe ich Ihnen die Stressskala von 0 bis 10 vorgestellt. Sie wird in diesem Buch immer wieder vorkommen. Auch wenn ich sie nicht ausdrücklich erwähne, können Sie sich zum Beispiel *vor* einer Übung fragen, wie hoch Ihr aktueller Stresslevel gerade ist, und *nach* der Übung noch einmal, um zu vergleichen.

Wenn wir wissen, wo wir uns auf der Stressskala gerade aufhalten, können wir leichter *verstehen*, warum wir die Welt gerade hell oder dunkel wahrnehmen. Allein dieses Wissen bringt uns in eine Beobachterposition und schafft eine innere Distanz. Wir sind ein bisschen »draußen« und nicht mehr hundertprozentig in unsere Gedanken und Gefühle involviert. Das macht einen großen Unterschied.

Wir können von da aus beginnen, etwas zu verändern. Sobald wir unsere Stressmuster besser kennenlernen und auf der Skala einordnen können, können wir gezielt etwas tun, um unseren körperlichen Zustand zu regulieren und damit unser Denken und Fühlen positiv zu beeinflussen.

Vorsicht im roten Bereich!

Wenn der Grundspannungspegel bereits hoch ist, zum Beispiel bei 5 oder 6, katapultiert uns zusätzlicher Stress ganz schnell in den roten Bereich. Nehmen wir an, wir haben ein Stressmuster, das uns schnell auf 7 oder noch weiter hochfahren und von da aus in die Starre und in den Kollaps gehen lässt. Dann brauchen wir uns über Mutlosigkeit oder resignative Gedanken wie »Ich schaffe das ja doch nicht« oder »Es hat sowieso keinen Sinn« nicht zu wundern. Sobald jedoch noch ein innerer Beobachter aktiv ist, der bemerkt: »Ah, jetzt bist du wieder über 7 auf der Skala, also im roten Bereich«, wissen wir: »Vorsicht! Jetzt kannst du nicht mehr klar denken, dein Nervensystem ist im Notfallmodus.« Allein dieses Einordnen kann helfen, die eigenen Gedanken nicht mehr so ernst zu nehmen und stattdessen erst einmal zu schauen: »Langsam! Was brauche ich jetzt, um mich zu beruhigen?«

Ihr körperlicher Zustand und ganz besonders Ihr Stresspegel haben großen Einfluss darauf, was Sie gerade fühlen und denken, und natürlich auch auf Ihr Verhalten. Das ist nichts Neues. Trotzdem vergessen wir manchmal, wie grundlegend unser momentanes körperliches Befinden unser Denken und Fühlen einfärbt und welche Chance darin liegt, hier regulierend einzugreifen.

Resilienz ist die Fähigkeit, meine Gedanken nicht ernst zu nehmen, wenn ich im roten Bereich bin.

Ritual zum Ankommen

Meine Klientinnen kommen manchmal nach einem langen Arbeitstag zu mir und sind erst einmal gestresst. Dann brauchen sie etwas Zeit, um in meiner Praxis und vor allem wieder bei sich selbst anzukommen. Ich biete ihnen dann an, sie bei ihrem Ritual zum Ankommen in den Körper zu begleiten und sich bewusst zu erden.

Es ist ganz natürlich, dass wir im Alltag nicht die ganze Zeit unseren Körper spüren können. Unsere Aufmerksamkeit ist eine wertvolle Ressource. Wir brauchen sie für unsere Arbeit, für das Autofahren, für die Tagesplanung. Doch zwischendurch gibt es immer Momente, in denen wir sie gerade nicht brauchen. Momente, in denen wir den

Blick vom Computer weg in die Ferne schweifen lassen, bewusst atmen und uns wieder sammeln können – uns wieder spüren, bei uns selbst und im Körper ankommen. Diese Momente sind wertvoll. Manchmal fühlt sich schon das bewusste Ankommen im Körper nach einem stressigen Tag so erfrischend an wie ein Kurzurlaub.

Sich bewusst zu erden bedeutet, die Schwerkraft für sich zu nutzen, zu spüren, wie sie wirkt, wo wir Gewicht an die Erde abgeben können oder an den Stuhl, auf dem wir im Moment sitzen, an die Rückenlehne, den Boden. Auch wenn wir willentlich keine Muskeln anspannen, um uns zu halten: Die Erde trägt uns. Wir können uns dem hingeben.

Vom Kopf in den Körper

Nehmen Sie sich nun ein wenig Zeit, um Ihre Aufmerksamkeit freundlich in Ihren Körper zu lenken und im Sessel oder im Stuhl anzukommen.

Wie sitzen Sie gerade? Wo haben Sie Kontakt zur Sitzfläche? Und wie ist dieser Kontakt: eher leicht oder eher schwer? Denken Sie daran: Es gibt nichts zu erreichen, nichts zu bewerten, nichts zu optimieren. Es geht um die reine Wahrnehmung.

Es ist völlig normal, dass Sie einen Teil Ihres Körpergewichts mit Ihrer Muskulatur halten und einen Teil an die Sitzfläche abgeben – mal mehr, mal weniger. Lassen Sie sich spüren, wie viel Sie jetzt in diesem Augenblick abgeben.

Als Nächstes gehen Sie mit Ihrer Aufmerksamkeit zu Ihrem Rücken. Wie lehnen Sie sich an? Wo haben Sie Kontakt zur Rückenlehne? Wie viel Gewicht halten Sie mit Ihrer Muskulatur und wie viel geben Sie an die Rückenlehne ab? Denken Sie dran: Es gibt kein Richtig und kein Falsch, es geht nur ums Wahrnehmen.

Als Nächstes wandern Sie zu Ihren Armen und nehmen wahr, wie sie auf den Armlehnen oder am Körper liegen und wo die Hände ruhen, zum Beispiel auf den Oberschenkeln. Auch hier ist es ganz normal, dass Sie einen Teil des Gewichts Ihrer Arme selbst halten und einen Teil abgeben, mal mehr, mal weniger. Jetzt gibt es nichts zu bewerten, es geht nur ums Wahrnehmen.

Dann fokussieren Sie sich auf Ihre Füße und nehmen wahr, wie sie auf dem Boden stehen. Wo haben sie Kontakt zum Boden? Mehr am Vorderfuß, mit den Zehen oder mehr an der Außenkante oder an der Ferse? Vielleicht mit der ganzen Fußsohle? Wie schwer oder wie leicht ist dieser Kontakt? Und fühlen sich beide Füße gleich an oder gibt es etwas, was sich im linken und im rechten Fuß unterschiedlich anfühlt? Auch hier gibt es nichts zu erreichen, es geht nur um die reine Wahrnehmung.

Nachdem Sie diesen vier Stellen im Körper nachgespürt haben – Becken auf der Sitzfläche, Rücken an der Rückenlehne, Arme auf den Armlehnen oder auf den Oberschenkeln, Füße auf dem Boden: An welcher dieser vier Stellen geben Sie am meisten Gewicht ab? Es kann eine Stelle sein, manchmal sind es auch zwei.

Nun fokussieren Sie die Stelle, an der Sie am meisten Gewicht abgeben, also am meisten geerdet sind. Lassen Sie sich genau wahrnehmen, wie sich das anfühlt und was dabei noch alles geschieht. Es kann sein, dass Sie mit dem Becken ein bisschen tiefer in die Sitzfläche rutschen oder dass Ihre Füße kribbeln oder wärmer werden. Vielleicht bleibt auch alles gleich. Alles ist in Ordnung so, wie Sie es gerade wahrnehmen.

Zum Abschluss fragen Sie sich, was jetzt anders ist als am Anfang der Übung. Was hat sich verändert? In Ihrem Denken, Fühlen, Spüren?

WEITERE ÜBUNGEN ZUM STABILISIEREN

Wenn im Außen etwas wegbricht, werden wir auf uns selbst zurückgeworfen. Jede Krise zwingt uns immer wieder zum Innehalten – von äußeren Aktivitäten und, wenn wir wollen, dass es uns gut geht, auch von übermäßiger Gedankenaktivität.

Das ist nicht immer leicht. Wir laufen Gefahr, uns in Ängsten oder Sorgen zu verlieren. Besonders wenn wir eine Lebensgeschichte mit unverarbeitetem Trauma haben, können wir durch aktuelle Geschehnisse getriggert und in ein altes Trauma hineingezogen werden. Wir erkennen das daran, dass wir geflutet werden von alter, im Körper gespeicherter Schockenergie und unsere körperliche und emotionale Reaktion unangemessen heftig ist.

In dieser Situation brauchen wir vor allem eins: die Fähigkeit, wieder im Hier und Jetzt anzukommen. Zu wissen: Egal, was uns gerade getriggert hat, wir sind jetzt hier und nicht mehr in der damaligen Situation. Auch wenn das noch nicht überall im Körper angekommen ist, der Verstand weiß: Ich bin jetzt hier. Vieles ist anders als damals, ich bin jetzt älter, erfahrener, habe mehr Fähigkeiten und Ressourcen als damals.

Damit diese Gedanken auch im Körper ankommen, gibt es eine wunderbare Übung, die ich Ihnen besonders ans Herz legen möchte: die Orientierung im Raum. Sie geht ganz leicht und man kann sie überall in den Alltag integrieren, an der Ampel, in der Schlange an der Kasse im Supermarkt, beim Zoom-Meeting, immer dann, wenn man sich gestresst fühlt und sich beruhigen möchte. Die Übung holt uns in die Gegenwart zurück. Selbst wenn ein Raum uns vertraut ist, gibt es immer wieder Neues zu entdecken.

Orientierung im Raum

Während Sie bequem sitzen, lenken Sie Ihre Aufmerksamkeit bewusst nach außen in Ihre Umgebung, in den Raum. Der Raum kann das Zimmer sein, in dem Sie sitzen, oder auch das, was Sie beim Blick aus Ihrem Fenster sehen.

Lassen Sie Ihren Blick ein bisschen schweifen. Wo möchte er hängen bleiben? Was interessiert Sie? Dann benennen Sie diesen Gegenstand. Sie sagen oder denken: »Ich sehe das Bild.« – »Ich sehe die Lampe.« Es kann auch etwas Unspektakuläres sein wie die Türklinke oder die Zimmerdecke. Sobald Sie den Gegenstand benannt haben, wandern Sie mit Ihrem Blick weiter, bis er wieder irgendwo hängen bleiben möchte und Sie auch diesen Gegenstand benennen.

Bei dieser einfachen Übung sind zwei Punkte wichtig:

1. *Sie bewerten den Gegenstand nicht. Das ist gar nicht so leicht. Wir fühlen uns meist von Dingen angezogen, die wir besonders schön oder eben auf irgendeine Weise anziehend finden. Doch wenn Sie etwas bewerten, gehen Sie automatisch wieder ins Denken – und das wollen wir hier gerade nicht.*
2. *Sie assoziieren nicht. Auch wenn zu einem Gegenstand eine Erinnerung auftaucht, er Sie an Ihre Großmutter oder Ihren Urlaub in Griechenland erinnert, folgen Sie der Erinnerung bitte nicht. Sie würden auch damit ins Denken gehen und die Übung unterbrechen.*

Machen Sie mit der Orientierung im Raum so lange weiter, bis sich etwas in Ihnen positiv zu verändern beginnt. Das kann alles Mögliche sein. Manchmal wird der Blick plötzlich klarer. Oder man bemerkt auf einmal Dinge, die schon immer da waren, die Sie aber jetzt zum ersten Mal bewusst wahrnehmen. Oder Sie atmen unbewusst auf und beginnen, sich zu entspannen.

Viel Spaß beim Experimentieren mit dieser Übung!

Mit sich selbst in Verbindung sein

Mit der nächsten Übung nehmen wir unsere Aufmerksamkeit wieder zurück zu uns selbst. Das klingt einfach und selbstverständlich, ist es aber nicht. Wer als Baby die Erfahrung gemacht hat, keinen oder zu wenig echten und nährenden Kontakt zu bekommen, hat früh gelernt, alle Antennen nach außen zu stellen, um das Gegenüber zu scannen. Das funktioniert nach dem Motto »Wie muss ich sein, wie muss ich mich verhalten, um doch noch so viel Kontakt, Zuwendung, Liebe wie möglich oder wenigstens ein bisschen davon zu bekommen?«.

Dieses Muster verselbstständigt sich, es wird Teil des Körpergedächtnisses und bei engerem Kontakt automatisch aktiviert. Man geht von sich selbst weg und hin zu anderen, versucht, unbewusst herauszufinden: Wie kann ich es dem anderen recht machen?

Die folgende Übung *Hand aufs Herz* ist einfach durchzuführen und mit einer liebevollen Grundhaltung so wirkungsvoll. Berührung ist beruhigend. Wir reagieren auf angenehmen körperlichen Kontakt sofort mit Entspannung, auch wenn wir uns selbst berühren. Das ist tief in uns programmiert.

Das Herz ist unser emotionales Zentrum. Wenn wir uns etwas zu Herzen nehmen, geht es tief. Manchmal sind wir in Versuchung, uns von unserem Weg abbringen zu lassen, dann brauchen wir wieder die Verbindung mit unserem Herzen. Diese einfache Übung bringt uns wieder in Kontakt mit uns selbst und unserem Herzen und sie hält uns in dieser Verbindung. Wir können leichter bei uns sein und bleiben, auch wenn wir gleichzeitig mit der Außenwelt in Kontakt sind.

Zu sich kommen – Hand aufs Herz

Machen Sie es sich bequem und kommen Sie erst einmal in Ihrem Sessel an. Alles, was Sie sonst gerade beschäftigt, hat jetzt Pause.

Richten Sie nun Ihre liebevolle Aufmerksamkeit auf Ihre Herzgegend und legen Sie Ihre Hand auf Ihr Brustbein. Sie wird automatisch an der richtigen Stelle landen. Sie können die rechte Hand nehmen, die linke oder auch beide. Wenn Sie wollen, können Sie die andere Hand zusätzlich auf Ihren Bauch legen.

Lassen Sie sich die Berührung und Wärme Ihrer Hand auf Ihrem Herzen spüren. Nehmen Sie die natürliche Bewegung des Brustkorbs beim Atmen wahr, wie er sich beim Einatmen hebt und beim Ausatmen senkt – in Ihrem Rhythmus.

Vielleicht spüren Sie, wie sich die Wärme unter Ihrer Hand weiter ausbreitet. Vielleicht fühlen Sie sich berührt von Ihrer eigenen Berührung. Vielleicht zeigt sich eine Emotion, es kann auch alte Traurigkeit hochkommen und sich lösen, vielleicht genießen Sie einfach nur froh die Verbindung mit sich und Ihrem Herzen.

Nach der Übung orientieren Sie sich wieder im Raum und kommen in Ihrem Tempo zurück in die Gegenwart.

Bottom-up – zuerst den Körper regulieren

Mit diesen Basisübungen folgen wir dem Prinzip *Bottom-up* – von unten nach oben. Im Gegensatz zu *Top-down* – von oben nach unten, bei dem wir auf gedanklichem Weg Lösungen für Probleme suchen und uns damit dann besser fühlen – regulieren wir hier zuerst den Körper. Damit wirken wir auf den Spannungszustand des Nervensystems und der Muskulatur ein und auf diesem Wege indirekt auf unsere Gedanken und Emotionen.

Ältere Leserinnen kennen das HB-Männchen, eine Zeichentrickfigur der Zigarettenwerbung aus den 1960er-Jahren. Wer es nicht kennt: Bitte schauen Sie es sich bei YouTube an. Das HB-Männchen war nicht umsonst äußerst beliebt. Bei diesem cholerischen Kerlchen geht alles schief, was es anpackt. Es erlebt ein Malheur nach dem anderen, der Stuhl wackelt, der eingeschlagene Nagel in der Wand hält nicht, der Bus ist gerade weg … Jedes Mal ärgert es sich, schimpft vor sich hin, reagiert mit einem Wutanfall, bis es schließlich hochschießt an die Decke. In diesem Moment hört man eine tiefe, beruhigende Stimme: »Halt, mein Freund. Wer wird denn gleich in die Luft gehen?«, und dann kommt die Zigarettenwerbung als vermeintliche Lösung. Hätte das HB-Männchen die folgende Übung schon gekannt und in ruhigeren Zeiten eingeübt, wäre sein Leben um einiges entspannter und gesünder verlaufen.

Stressenergie schießt im Körper nach oben. Bei einem hohen Stresspegel haben wir zu viel Energie im Kopf und zu wenig in den Füßen. Die Energieverteilung im Körper spielt eine wichtige Rolle für unser Wohlbefinden. Mit der nächsten Übung *Die Energie in die Füße bringen* wollen wir uns dieses Thema genauer ansehen. Da die Stressregulation vom autonomen Nervensystem gesteuert wird, also nicht mit dem Willen allein beeinflussbar ist, können wir dieses System nur einladen, sich zu regulieren. Und das machen wir zum Beispiel auf die folgende Weise.

Die Energie in die Füße bringen

Machen Sie es sich im Sitzen bequem und nehmen Sie sich ein bisschen Zeit, um vollständig anzukommen.

Dann wandern Sie mit Ihrer Aufmerksamkeit wie mit einem Scan durch Ihren ganzen Körper. Wo nehmen Sie Energie wahr, als Wärme, als Fließen, Strömen, Kribbeln, ausgefüllten inneren Raum oder wie auch immer? Wo ist der Schwerpunkt in Ihrem Körper?

Ist die Energie gleichmäßig im ganzen Körper verteilt? Dann brauchen Sie jetzt nichts weiter zu tun, als dem nachzuspüren und es zu genießen!

Wenn Sie mehr Energie in der oberen Körperhälfte als in der unteren wahrnehmen, lenken Sie Ihre Aufmerksamkeit freundlich zu Ihren Füßen und fangen an, sie leicht zu bewegen. Sie können zum Beispiel mit Ihren Zehen spielen, den Vorderfuß links und rechts abwechselnd anheben und wieder aufsetzen, dann die Fersen, den Fuß leicht kreisen lassen, das Bein dabei ausstrecken, kleine Laufbewegungen auf der Stelle machen. Alles ist möglich, Hauptsache, es ist leicht! Es darf leicht sein. Das hier ist kein Muskeltraining und keine Gymnastik. Es ist ein spielerisches Aktivieren der Nerven, der Muskeln und der Faszien.

Oder Sie stellen Ihre Füße erst über Kreuz auf den Boden und spüren dem nach, dann stellen Sie sie flach auf den Boden. Was ist jetzt anders?

Sie können sich auch vorstellen, dass Sie mit Ihren Füßen tanzen. Sie bewegen die Füße spielerisch und leicht und gehen mit Ihrer ganzen Aufmerksamkeit dahin.

Was beginnt sich dabei in Ihren Füßen zu verändern? Und gleichzeitig in Ihrem ganzen Körper? Nach einer Weile sollten Sie eine Veränderung in die folgende Richtung wahrnehmen: In der oberen Körperhälfte wird es leichter, der Kopf wird leerer, es wird innerlich ruhiger. In der unteren Körperhälfte wird es schwerer, Sie sitzen breiter oder schwerer, die Beine sind Ihnen bewusster, die Füße fühlen sich lebendiger und wärmer an.

Sie können noch einen Schritt weitergehen und Ihre Füße sich so bewegen lassen, wie diese es wollen, wie es von innen kommt.

Das machen Sie, bis Sie spüren: Die Energie in Ihrem Körper bewegt sich nach unten, etwas in Ihnen »sackt« im besten Sinne, etwas fließt ab nach unten – wo es auch hingehört. Ihre Energie gehört in Ihren ganzen Körper, nicht nur in Ihren Kopf.

Bleiben Sie ganz neugierig und offen, was dabei geschieht. Ihr Körper kann das! Er macht es regelmäßig, wenn er nach einer Anspannung wieder entspannt. Wahrscheinlich haben Sie dem bisher nur noch nicht so viel Aufmerksamkeit geschenkt.

Erholung nicht nur für die Augenmuskeln

Die nächste Übung ähnelt etwas der Übung *Orientierung im Raum* ab Seite 38f. Ihr Schwerpunkt ist jedoch ein anderer. Hier geht es nicht vorrangig darum, ganz im Hier und Jetzt anzukommen. Der Fokus dieser Übung liegt vielmehr auf den Augen.

Immer mehr Menschen verbringen einen großen Teil ihrer Arbeitszeit am PC. Das heißt, sie starren stundenlang auf ein eng begrenztes Feld. In der Freizeit geht das Schauen auf einen Bildschirm dann am Smartphone, Tablet oder Fernseher weiter. Wir nehmen also ununterbrochen Informationen über die Augen auf. Wir geben unseren Augen die ganze Zeit Befehle, worauf sie sich fixieren sollen. Kein Wunder, dass die Augenmuskeln oftmals überstrapaziert werden und dringend Erholung brauchen.

Alle unsere Muskeln sind über das körpereigene Fasziensystem miteinander verbunden. (Faszien bestehen aus einer bestimmten Art von Bindegewebe. Sie umhüllen all unsere Organe und Muskeln und bilden so ein zusammenhängendes Spannungsnetzwerk im Körper.) Wenn Ihre Augen sich erholen, wirkt sich das darum auch positiv auf den übrigen Körper aus. Bei der folgenden Übung ist das Ziel nicht eine Verbesserung Ihrer Sehstärke – dafür gibt es hervorragende Anleitungen. Jetzt geht es nur darum, Ihren hart arbeitenden Augen freundliche Aufmerksamkeit zu schenken und sie selbst entscheiden zu lassen, was sie wollen oder auch nicht. Die Übung hat keinen festen Ablauf. Es sind die Augen selbst, die den Ablauf vorgeben.

Haben Sie Lust bekommen zu erforschen, was in Ihrem Körper geschieht, wenn die Augen einmal nicht Befehlsempfänger sind, sondern nur machen, was sie gerade machen *wollen?*

Die Augen machen lassen, was sie wollen

Machen Sie es sich bequem und nehmen sich dann ein wenig Zeit, um in Ihrem Sessel anzukommen. Dann richten Sie Ihre Aufmerksamkeit in den Raum und lassen Ihren Blick schweifen. Dabei geben Sie Ihren Augen ganz bewusst keine Anweisung, wohin sie schauen sollen. Nehmen Sie freundlich Verbindung mit Ihren Augen auf und lassen Sie sich überraschen, was diese jetzt gerade machen wollen. Fragen Sie sich nun:

- *Wohin wollen meine Augen gehen? Wie lange wollen sie bei einem Objekt bleiben?*
- *Wollen sie irgendetwas ein bisschen genauer anschauen oder lieber weitergehen?*
- *Will mein Blick in die Ferne schweifen? Will mein Blick unfokussiert ins Leere gehen?*
- *Oder wollen meine Augen sich schließen und einfach nur ausruhen?*

Was geschieht, wenn Sie Ihren Augen erlauben, sich zu schließen und einmal nicht zu arbeiten? Verändert sich vielleicht Ihr Atem? Werden Sie auf einmal richtig müde? Wie spüren Sie Ihre Müdigkeit im Körper? Ist es in Ordnung, sie da sein zu lassen und sie bewusst zu spüren? Müdigkeit und Entspannung liegen ganz nah beieinander.

Es kann auch sein, dass Sie es von Anfang an als ausgesprochen wohltuend wahrnehmen, dass Ihre Augenmuskeln sich entspannen dürfen und dass dabei auch andere Muskeln in Ihrem Oberkörper loslassen. Wie ist es, das zuzulassen? Und wie geht es Ihnen nach einer Weile? Werden Sie noch müder oder fühlen Sie sich eher erfrischt?

Diese Übung wird jedes Mal anders ablaufen, je nachdem, wie angestrengt Ihre Augenmuskeln gerade sind. Es gibt kein Ziel zu erreichen. Es geht dabei nur um freundliche, achtsame Aufmerksamkeit für Ihre – fast – unermüdlichen Augen.

DIE WIRKUNG DIESER EINFACHEN ÜBUNGEN GENIESSEN

Diese fünf Basisübungen zur Stabilisierung sind so einfach, dass man sie nicht ernst nehmen könnte oder auch denken könnte: Das kann ich ja schon, was kommt als Nächstes? Daher möchte ich Sie ermutigen, diese fünf einfachen Übungen in Ihren Alltag zu integrieren, sie immer wieder zu *erfahren* und ihre Wirkung im Körper zu spüren.
Vom Kopf in den Körper auf Seite 36 f.: Wir halten so viel Anspannung mit unserer Muskulatur – da ist es wohltuend, sich zu erinnern, dass die Erde uns trägt und dass wir nicht alles selbst halten müssen, sondern Gewicht abgeben können.
Orientierung im Raum 38 auf Seite 144 f.: Bei Stress bekommen wir einen Tunnelblick und blenden unsere Umgebung aus. Das macht biologisch Sinn, denn in Notsituationen geht es nur ums Überleben und darum, zum Beispiel den schnellstmöglichen Fluchtweg zu finden. Sich im Raum zu orientieren, erweitert die Wahrnehmung wieder und holt uns auf sanfte Weise zurück ins Hier und Jetzt.
Zu sich kommen – Hand aufs Herz auf Seite 40: Diese Geste verbinden wir mit Ehrlichkeit, damit, zu uns und zu unserer inneren Wahrheit zu stehen. Eine Hand auf Ihr Herz legen können Sie beim Einschlafen, beim Ausruhen zwischendurch, immer, wenn Sie wieder zu sich kommen wollen.
Die Energie in die Füße bringen auf Seite 41 f.: Diese Übung empfehle ich Ihnen nach vielen Stunden am Computer oder wenn Sie zu kalten Füßen und einem heißen Kopf neigen und sich innerlich abkühlen wollen. Ein Bewusstsein dafür, wo sich die Energie in Ihrem Körper befindet und wie Sie sie lenken können, verändert Ihr Leben. Diese Übung wird im Kapitel *Emotionen im Körper regulieren* ab Seite 104 noch eine wichtige Rolle spielen.
Die Augen machen lassen, was sie wollen auf Seite 43 f.: Last, but not least die freundliche Augenübung, bei der die strapazierten Augen endlich einmal machen dürfen, was *sie* wollen. Diese Übung ist für alle, die viel auf Bildschirme oder sonstiges »Viereckiges« schauen, sehr erholsam.
Erleben Sie bei diesen fünf Übungen bewusst die angenehmen Körperempfindungen, tauchen Sie ein und erlauben Sie es sich, zu genießen!

DAS GEHEIMNIS DER RESILIENZ

Weich ist stärker als hart, Wasser stärker als Fels, Liebe stärker als Gewalt.

HERMANN HESSE

EIN RESILIENTES MÄDCHEN

Ich möchte Ihnen von einem beeindruckenden Beispiel an Resilienz eines siebenjährigen Mädchens erzählen.

Als Annas Eltern beschlossen, sich zu trennen, überlegten sie lange, wie sie es ihren drei Kindern schonend beibringen konnten. Es war ihnen ganz wichtig, ihren Kindern zu vermitteln, dass sie beide als Eltern auch weiterhin für sie da sein würden.

Ganz offensichtlich ist ihnen das gut gelungen. Denn so beschrieb Anna einige Monate später das entscheidende Familiengespräch und was es in ihr auslöste:

»Wir saßen alle am Esstisch. Dann hat Mama uns gesagt, dass Papa ausziehen würde. Sie hat gesagt: Er wird nicht weit weg wohnen und ihr könnt ihn regelmäßig besuchen. Wir haben alle geweint und uns getröstet. Dann sind wir alle zusammen Eis essen gegangen. Das war schön.«

Das Geheimnis der Resilienz

Dieses starke Mädchen hat das für sein Leben einschneidende und potenziell traumatisierende Ereignis für sich mit *»Wir haben uns getröstet«* und *»Wir sind alle zusammen Eis essen gegangen«* verknüpft. Das Gefühl von Verbundenheit mit seinen Eltern und Geschwistern am Esstisch und in der Eisdiele ist für das Kind eine große Ressource.

Im ersten Moment zog die Nachricht von der Trennung der Eltern ihm sicher den Boden unter den Füßen weg, doch der achtsame Umgang beider Eltern half ihm, *gleichzeitig* wieder Halt zu finden im Zusammenhalt in der Familie.

Während das problematische Ereignis – auf der Minus-Seite – da ist, ist gleichzeitig auch die Ressource – auf der Plus-Seite – da. Wie zwei Waagschalen, die sich auspendeln und nach einer Weile ein neues Gleichgewicht finden. Das ist das Geheimnis der Resilienz.

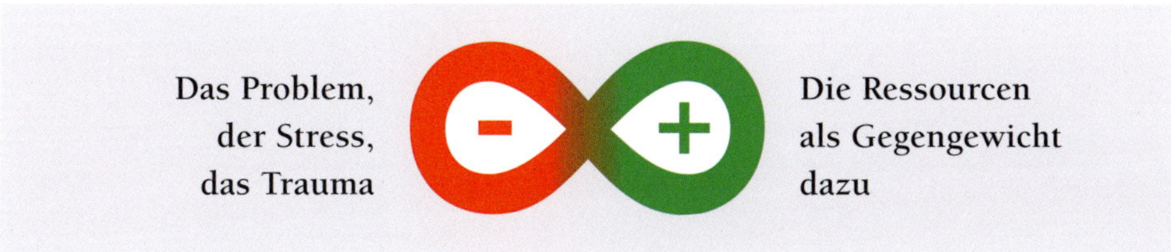

Resilienz ist die Fähigkeit, sich – mit allem, trotz allem und während alles so ist, wie es ist – immer wieder in einen kraftvollen Zustand zu bringen.

SOMATIC EXPERIENCING UND DAS LEBENSFLUSSMODELL

Das Modell der liegenden Acht, das ich Ihnen in diesem Buch vorstelle, ist ein vereinfachtes Arbeitsmodell des Lebensflussmodells, das die Grundlage für Somatic Experiencing (SE) nach Dr. Peter Levine darstellt. Ohne an dieser Stelle zu tief in das Thema Trauma einsteigen zu wollen, möchte ich Ihnen ansatzweise erklären, wie SE mit traumatischem Stress arbeitet. Wenn Sie mehr über die praktische Anwendung von SE wissen möchten, empfehle ich Ihnen mein Buch *Was der Körper zu sagen hat.* Peter Levine selbst hat mehrere hervorragende Bücher über die Entwicklung, Anwendung und den wissenschaftlichen Hintergrund von SE geschrieben. Für das Thema Resilienz genügt es zu verstehen, dass hinter dem einfach anwendbaren Modell der liegenden Acht ein größeres, komplexeres Modell steht: das Lebensflussmodell.

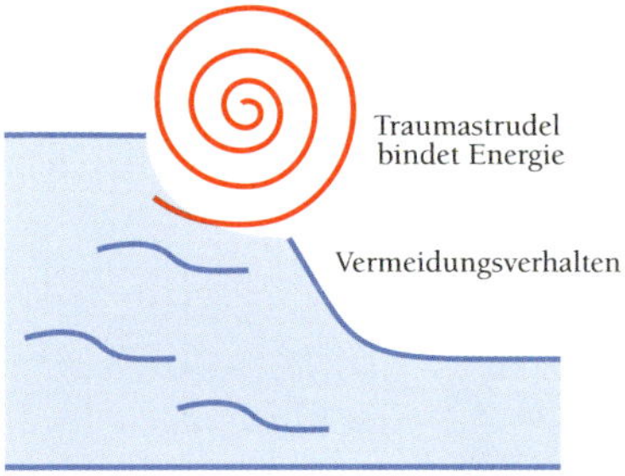

Der Lebensfluss steht für unser Leben beziehungsweise unsere Lebensenergie. Die Ufer symbolisieren die Grenzen, sie geben uns Halt und Schutz. Der Fluss steht auch für Flow, das Fließen, einen Zustand, in dem wir mit dem Leben mitfließen, Herausforderungen kraftvoll, flexibel und kreativ annehmen, denn innerhalb stabiler Grenzen steht uns unsere gesamte Lebensenergie dafür zur Verfügung.

Die Folge von Schocktrauma

Wenn wir ein Schocktrauma erleben, durchbricht dieses unsere schützende Grenze, wie bereits Freud feststellte. Ein Teil unserer Lebensenergie fließt von nun an durch das in unserer Grenze entstandene Loch nach außen ab in den sogenannten Traumastrudel. Wir haben weniger Energie zur Verfügung, um aktiv unser Leben zu bewältigen. Trauma ist eng mit Angst verknüpft und diese Angst ist im Körper gespeichert – mehr dazu im Kapitel *Emotionen im Körper regulieren* ab Seite 104. Sie fühlt sich unangenehm, eng, starr an und daher tun wir alles, um sie möglichst nicht wahrnehmen zu müssen. Wir fangen an zu vermeiden. Zum Beispiel werden wir vorsichtig, vielleicht übervorsichtig, umgehen potenziell gefährliche Situationen und schränken unseren Lebensradius ein. Der Lebensfluss wird schmaler.

Der Traumastrudel hat leider auch die Tendenz, einen Sog zu entwickeln und uns hineinzuziehen. Deshalb dürfen wir uns ihm nur mit großer Vorsicht nähern – wer Kanu fährt, weiß, wie gefährlich Strudel sein können. Auch im übrigen Leben können wir getriggert werden. Das heißt, wir erleben etwas, das ein Element einer früheren traumatischen Erfahrung ist, und werden dabei ganz schnell in das alte Trauma hineingezogen. Dann erleben wir es, als würde es gerade geschehen, und fühlen uns so hilflos und ohnmächtig wie damals. Genau das wollen wir nicht. Denn Resilienz können wir nur aufbauen, wenn wir nicht von einem Problem absorbiert sind.

Aus der Erstarrung wieder in den Fluss kommen

Und nun die gute Nachricht: Mit einem Traumastrudel entsteht innerhalb der Grenzen des Lebensflusses gleichzeitig auch ein positiver Gegenstrudel. Er ist zunächst nur klein und dreht sich in die Gegenrichtung. Er wird aktiv, *sobald wir in Kontakt mit unseren Ressourcen kommen.*

Das geschieht zum Beispiel, wenn wir nach einem traumatischen Ereignis aufgefangen werden und liebevolle Unterstützung und Sicherheit erfahren. Unser autonomes Nervensystem registriert dann, dass die Gefahr vorüber ist. Es schaltet um von

Sympathikus (Aktivierung für Kampf oder Flucht) zu Parasympathikus (erneute Entspannung). Dieses Umschalten können wir im Körper deutlich spüren.

Dabei wird der lösende Gegenstrudel in Gang gesetzt. Das Wasser sucht sich nun seinen Weg, um zwischen den beiden Strudeln hin- und herzupendeln. Allmählich werden beide Strudel kleiner, es fließt kein Wasser mehr nach draußen und der Fluss wird wieder breiter.

Auf unsere Lebensenergie übertragen bedeutet das: Wenn wir Stress erleben, jedoch gleichzeitig den Zugang zu unseren Ressourcen haben und diese im Körper spüren, pendelt sich das autonome Nervensystem aus, zurück ins Gleichgewicht. Wir gewinnen, um im Lebensflussmodell zu bleiben, unsere Energie für unser Leben zurück – für uns!

DAS MODELL DER LIEGENDEN ACHT

Die Essenz des Lebensflussmodells – auf der einen Seite Energie, die in chronischem Stress gebunden ist, und als Gegenstück dazu der Zugang zur geballten Kraft unserer Ressourcen – wird vereinfacht in dem Modell der liegenden Acht abgebildet.

Wenn Klientinnen zum ersten Mal in meine Praxis kommen und mir von ihrem Leid erzählen, stelle ich ihnen schon bald das Modell der liegenden Acht vor. Es ist mir wichtig, dass sie neben dem Schweren, was da ist, auch ihre Ressourcen sehen, ihre Möglichkeiten, damit umzugehen. Sie haben diese Ressourcen, sonst wären sie nicht bei mir. Sie holen sich Unterstützung und Begleitung, das ist eine Ressource! Eine von vielen anderen, die vielleicht gerade überlagert sind von Schwerem, die aber trotzdem da sind. Davon bin ich felsenfest überzeugt.

Meine Aufgabe ist es, sie mit beidem zu sehen, und das heißt in der Praxis, die schlummernden Ressourcen ans Licht zu holen und als nächsten Schritt dann im Körper erfahrbar zu machen. Sobald das geschieht, kann der Stress beginnen, sich zu lösen.

Das Modell der liegenden Acht finde ich dabei hilfreich. Es ist einfach, offensichtlich und prägt sich leicht ein. Wenn wir von Anfang an beide Seiten im Blick haben, die Probleme und die Ressourcen, hat das einen großen Einfluss auf unsere Arbeit. Wir versinken nicht im Schweren. Es ist da und darf da sein, manchmal zum ersten Mal, und gleichzeitig ist auch das andere da, die Kraft, irgendwie damit umzugehen. Diese Herangehensweise prägt meine Arbeit und da ich schon so lange damit arbeite, habe ich das Modell verinnerlicht und lade meine Klientinnen von Anfang an dazu ein, es selbst zu erfahren.

Im ersten Kapitel haben wir in der Übung *Den inneren Beobachter installieren* (Seite 29) darauf geachtet, nicht vollkommen in eine Erfahrung einzutauchen, besonders nicht in eine leidvolle, sondern gleichzeitig von außen zu circa 10 Prozent einen neutralen oder freundlich-wohlwollenden Blick darauf zu haben. Das macht einen großen Unterschied aus. Es befähigt uns, die Richtung unseres Erlebens aktiv zu steuern.

Wie Sie das Modell der liegenden Acht für sich nutzen können, um Ihre Resilienz zu stärken, erkläre ich Ihnen Schritt für Schritt in diesem und den nächsten Kapiteln. Sollten Sie beim Lesen ungeduldig werden, bitte ich Sie um Geduld. Wir bauen gerade ein Fundament und je solider es ist, desto stabiler wird Ihr Haus, also Ihre Resilienz, darauf stehen.

Jetzt geht es erst einmal darum, mit diesem Modell vertraut zu werden und zu *erfahren,* wie Sie sich mal auf der einen, mal auf der anderen Seite aufhalten. Lernen Sie sich damit kennen, ohne sich zu bewerten, ohne etwas erreichen zu wollen. Im weiteren Verlauf hält das Modell der liegenden Acht noch einige Möglichkeiten für Sie bereit, die theoretisch und praktisch erfahrbar sind. Lassen Sie sich überraschen.

Aber Schritt für Schritt.

Die Plus-Seite muss nicht aus einer Lösung bestehen

Wenn wir in einem Problem feststecken und keinen Ausweg sehen, erleben wir im Körper Stress, Überwältigung, psychosomatische Beschwerden. Es kann sein, dass diese Symptome neue Angst und neue Hoffnungslosigkeit erzeugen. Sie regen dann das Gehirn zu Katastrophenszenarien an, die wiederum im Körper neuen Stress erzeugen – eine Endlosschleife. Wie kommt man aus diesem Teufelskreis heraus?

Entweder durch das Finden einer praktischen Lösung, die dann angepackt werden kann. Sie schafft eine Perspektive und mobilisiert Kraft. Man kann etwas tun.

Was aber, wenn es keine »Lösung« gibt, zumindest nicht im jetzigen Augenblick? Was hilft trotzdem weiter? Dann bleibt noch der Weg, sich in einen kraftvollen emotionalen Zustand zu versetzen, zum Beispiel Entschlossenheit und die bewusste Entscheidung nicht aufzugeben, sondern weiterzumachen. In diesem kraftvollen Zustand beeinflusst man das Körpergefühl positiv und mobilisiert den natürlichen Stressabbau auf körperlicher Ebene, kurz Selbstregulation genannt. Auch ohne die Lösung zu kennen, auch ohne konkrete Perspektive kann man sich bei Stress und trotz Stress beruhigen und darin stärken, resilient zu sein.

Dabei können wir von erfahrenen Bergsteigern lernen. Sie schauen nicht immerzu zum Gipfel und denken dann entmutigt: Oje, so weit ist das noch! Wie soll ich das jemals schaffen? Das wäre die Minus-Seite. Stattdessen sind sie Profis darin, sich auf der Plus-Seite aufzuhalten: Sie gehen bewusst einen Schritt nach dem anderen und achten bei jedem Schritt genau auf den Weg. Zwischendurch drehen sie sich um, um zurückzuschauen, wie weit sie schon gekommen sind, und genießen die Aussicht. Dann gehen sie den nächsten Schritt.

PENDELN ZWISCHEN DEN POLEN

Ein früherer Freund hatte viele Traumata erlebt. Damals wusste ich noch nicht, was das mit sich bringt. Ich wunderte mich nur, warum ihn das Böse im Menschen so faszinierte. Er war 20-mal mit einer Hilfsorganisation in Bosnien gewesen und hatte dort Sachen gesehen, die ihn nie wieder losließen. Ein Lieblingsthema von ihm war Hitler mit seinen Verbrechen. Das war manchmal schwer zu ertragen für mich. Ich verstand überhaupt nicht: Warum zog ihn dieses Thema so magisch an? Inzwischen weiß ich es. Es war der Sog des Traumas.

Aber er hatte auch noch eine andere Seite. Schon damals fiel mir auf, dass er eine Fähigkeit besaß, die ich so noch nicht bei einem Menschen wahrgenommen hatte. Er schaffte es irgendwie, sich nicht restlos von seinen Erinnerungen und Gefühlen überwältigen zu lassen. Wie machte er das?

Indem er seine Aufmerksamkeit verschob. Zur Teilnahme am Leben. Er hatte unzählige Interessen. Er beschäftigte sich mit Literatur, Politik, klassischer Musik, Kabarett und mit ihm erlebte ich so manches kulturelle Highlight. Er kochte auf 4-Sterne-Niveau. Er war ein Weinkenner und kannte die besten Winzer in der Pfalz. Er entdeckte immer neue Wanderwege, durch ihn lernte ich die Eifel kennen. Er kannte den schönsten Platz, um das Event »Rhein in Flammen« zu sehen, und wusste, auf welchen Plätzen in der Philharmonie man dem Pianisten am besten auf die Finger sehen kann.

Der Trick: Die Aufmerksamkeit verschieben

Er war nah am Tod gewesen und gleichzeitig zog ihn etwas immer wieder *voll ins Leben*. Er pendelte zwischen beiden Polen hin und her. Er konnte seine Aufmerksamkeit steuern. Es war nicht das übliche Ablenken. Es war auch kein Verdrängen. Was er machte, war *ein bewusstes Verschieben der Aufmerksamkeit,* wenn es ihm schlecht ging. Damit rettete er sich. Im Verschieben der Aufmerksamkeit war er ein Meister und ein Vorbild für mich.

Allerdings blieb ihm eine wichtige Dimension der Resilienz fremd. Er blieb auf der Verstandesebene und unternahm nie etwas, um den Körper mit einzubeziehen. Er hatte für sich eine fantastische Strategie zum Umgang mit seinem Stress entwickelt, aber da der Körper außen vor war, erfuhr er keine Heilung.

Ich glaube nicht, dass ihm bewusst war, was er tat. Vermutlich war es pure Überlebenskunst. Er kannte, ohne sich darüber im Klaren zu sein, das Geheimnis der Resilienz: die Schwingungsfähigkeit zwischen den Polen, zwischen Problem und Lösung, zwischen Stress und Ressource, zwischen Plus und Minus.

Das Geheimnis der Resilienz ist
die Schwingungsfähigkeit
zwischen den Polen des Lebens, zwischen Problem und Lösung,
zwischen Stress und Ressourcen, zwischen Plus und Minus.

Mehr als positives Denken

Schwingen oder Pendeln zwischen den Polen ist kein »positives Denken«, wie es als Konzept oft propagiert wird. Es ist mehr als das, denn wir schwingen dabei ja in beide Richtungen. Das Schwingen ist vielmehr *problembewusste Präsenz.* Die negative Seite darf da sein. Sie ist es sowieso. Wir tanken Kraft aus der Ressource und schauen dann wieder auf das Problem. Wie erlebe ich es jetzt, wenn ich diese Kraft in mir fühle? Was ist anders als vorher? Welche – vielleicht kleine – positive Veränderung nehme ich jetzt wahr?

Alles ist möglich: Mehr Abstand zu dem belastenden Thema. Weniger Aufregung, Stress, Ärger. Mehr Ruhe. Ich fühle mich nicht mehr so ausgeliefert, sondern kraftvoller. Da ist wieder Zuversicht, wieder Energie für den nächsten Schritt. Das Problem absorbiert mich nicht länger und ist nicht mehr so bedrohlich. Ich kann die Situation eher von außen sehen und bin wieder handlungsfähig.

Lassen Sie uns das Schwingen zwischen den beiden Polen erforschen.

Auf der einen Seite – auf der anderen Seite

Mit dem Beispiel der resilienten siebenjährigen Anna vor Augen möchte ich Sie einladen zu überlegen, was Ihnen in Ihrem Leben einmal geholfen hat, mit schlimmen Ereignissen leichter umzugehen. Gehen Sie mit sich in einen inneren Dialog. Sie können Ihre Gedanken auch aufschreiben, zum Beispiel in zwei Spalten, zwischen denen Sie hin- und herwechseln. Die Übung können Sie auch gut zu zweit machen und Ihrem Gegenüber erzählen, was Ihnen zu den beiden Seiten einfällt.

Sie können Ihre Gedanken auch mit diesen Worten einleiten: Auf der einen Seite – auf der anderen Seite. Bleiben Sie dabei nicht zu lange auf einer Seite.

In der Übung geht es erst einmal nur darum, ins Pendeln zu kommen: immer wieder die Seite und damit den Standpunkt zu wechseln. Achten Sie darauf, was es mit Ihnen macht, wenn Sie sich auf der Minus-Seite oder auf der Plus-Seite aufhalten, und was sich dabei in Ihnen verändert, zum Beispiel in Ihrer Körperhaltung, Ihrer Atmung, Ihrem inneren Spannungspegel.

Auf welcher Seite bin ich gerade?

Nehmen Sie ein aktuelles, nicht zu großes Thema und lassen Sie Ihre Gedanken schweifen. Sie können das Thema auch jemandem erzählen oder Ihre Gedanken aufschreiben.

Dabei aktivieren Sie bitte Ihren inneren Beobachter und schauen oder hören sich neutral oder freundlich, vielleicht sogar neugierig zu und fragen sich von Zeit zu Zeit:

Auf welcher Seite der liegenden Acht bin ich gerade? Bin ich auf einer Seite gefangen? Welche Auswirkungen hat das?

Es ist nur eine Phase

Meine beste Freundin sagt, wenn ich mutlos bin und ihr mein Leid klage: »Denk dran: Es ist nur eine Phase.« Dieser Satz hat mich schon mehrmals aus dem Tunnelblick herausgeholt. Wenn man down ist, sieht man das Licht am Ende des Tunnels nicht. Dann produziert das leider manchmal viel zu fleißige Großhirn negative Zukunftsszenarien, und diese nehmen kein Ende. Das kann einem dann den Rest an Zuversicht nehmen.

Dabei verändert sich immer irgendetwas. Nichts bleibt in alle Ewigkeit so, wie es ist. Die Dinge verändern sich, so oder so. Wie sie sich verändern, wissen wir nicht. Wir wissen nur, dass sie sich verändern.

Deshalb: Wenn eine Lösung nicht absehbar ist oder es keine »Lösung« gibt, weil zumindest zum jetzigen Zeitpunkt nichts zu ändern ist – wie wäre es, erst einmal zu akzeptieren: »*Jetzt* ist es so wie es ist«? Erst einmal nur jetzt.

In der folgenden Übung gebe ich Ihnen sowohl die Minus-Seite als auch die Plus-Seite der liegenden Acht vor. So können Sie den Unterschied in Ihrem Befinden erforschen.

»Das wird sich nie ändern.«

»Es ist nur eine Phase.«

Akzeptieren, was ist – nur für jetzt

Denken Sie an etwas, das Sie gern ändern möchten, bei dem Sie jedoch keine Chance sehen und mehr oder weniger resignieren. Nehmen Sie bitte kein Lebensthema, sondern etwas Kleines, Alltägliches. Es geht erst einmal ums Üben und Erforschen.

Wenn Sie keine Möglichkeit zur Verbesserung sehen und denken: »Das wird sich nie ändern«, sind Sie auf der Minus-Seite. Wie fühlt sich das an? Bleiben Sie hier bitte nur kurz und pendeln Sie dann hinüber zur Plus-Seite.

Hier denken Sie: »Es ist nur eine Phase!« Welche Gedanken tauchen dabei noch in Ihnen auf? Ich mache Ihnen ein paar Vorschläge:
- *Jetzt ist es so. Es fühlt sich nur jetzt so an.*
- *Es ist nicht für immer. In zwei Wochen werde ich mich nicht daran erinnern, wie sich das angefühlt hat. Und auf mein ganzes Leben hochgerechnet, ist es noch einmal kleiner.*
- *Oder: Das habe ich schon mal gedacht in meinem Leben. Und dann tat sich unerwartet eine neue Möglichkeit auf.*

Finden Sie die Worte, die für Sie stimmig sind und die ausdrücken: Jetzt ist es so, wie es ist. Es kann sich ändern. Machen Sie so lange weiter, bis Sie merken, dass sich etwas in Ihnen beginnt, positiv zu verändern. Es kann sein, dass sich Ihre Stimmung ein wenig aufhellt, dass etwas in Ihnen leichter, entspannter, ruhiger wird.

Ausgeliefertsein, Ohnmacht

»Ich kann etwas verändern.«

Ohnmacht und Macht

Auf welcher Seite wir uns aufhalten, hat viel mit dem Grundgefühl von Macht oder Ohnmacht zu tun. Wenn wir uns ausgeliefert oder als Opfer fühlen, erleben wir in diesem Moment nicht das Gefühl von *Ich kann etwas verändern.* Wir verharren dann auf der Minus-Seite.

Wie gesagt, manchmal gibt es keine »Lösung«. Dennoch besteht grundsätzlich und immer die Möglichkeit, etwas zu verändern, zumindest in unserer Wahrnehmung oder in unserer Einstellung.

Worauf habe ich Einfluss? Was kann ich verändern?

Denken Sie an etwas, das Sie gern ändern möchten, bei dem Sie jedoch keine Chance sehen und mehr oder weniger resignieren. Nehmen Sie bitte kein Lebensthema, sondern etwas Überschaubares. Sie experimentieren erst einmal mit dem Thema und eröffnen sich die Möglichkeit: Vielleicht kann ich ja doch etwas verändern.

Schreiben Sie auf einem Blatt Papier das Thema in die linke Spalte. In der rechten notieren Sie alle Ideen dazu, was in Ihrer Macht liegt. Wenn Ihnen nichts einfällt, fragen Sie eine Freundin oder öffnen Sie sich für Impulse von außen. Manchmal läuft uns ein Satz über den Weg, gesprochen, gelesen, gehört, der genau zu dem passt, was uns innerlich beschäftigt.

Legen Sie das Blatt Papier zwischendurch ruhig weg. Die besten Ideen kommen manchmal, wenn man gar nicht nachdenkt. Seien Sie auch offen für Mini-Ideen. Eine kleine Veränderung kann wie eine Tür sein, die sich einen Spaltbreit öffnet, und durch diesen Spalt dringt das Licht.

Auch das Schwingen zur Minus-Seite gehört dazu

Wenn meine Klientinnen das Modell der liegenden Acht kennenlernen und sich im Alltag beobachten, stellen sie manchmal erschrocken fest, dass es ihnen schwerfällt, auf der Plus-Seite zu bleiben. Sie berichten zum Beispiel, dass es sie ganz oft gedanklich in die Probleme hineinzieht und dass sie sich dann erst ganz bewusst wieder auf etwas Positives ausrichten müssen. Dann beruhige ich sie erst einmal: »Sie pendeln. Das ist ganz normal!« Auch das Schwingen zur Minus-Seite ist ein Pendeln.

Es gibt Theorien, nach denen wir Menschen evolutionsbedingt nach dem Negativen und nach Bedrohungen Ausschau halten, um uns zu schützen und letztendlich um zu überleben. Wie dem auch sei, bei dem Modell der liegenden Acht geht es nicht darum, immer auf der Plus-Seite oder immer gut drauf zu sein.

Pendeln bedeutet hin- und herzuschwingen und nicht auf einer Seite stecken zu bleiben. Das ist der Sinn der liegenden Acht. Das Schwingen löst im Nervensystem aus, dass sich Stress abbaut. Das ist der Kern der Arbeit mit Somatic Experiencing. Mehr darüber erfahren Sie im Kapitel *Resilienz durch Selbstregulation* ab Seite 88.

Zum jetzigen Zeitpunkt möchte ich Sie mit der folgenden Übung einladen, freundlich auf sich zu schauen, auch dann, wenn Sie nicht wie ein Buddha immer lächeln und glücklich sind.

Pendeln bedeutet hin- und herzuschwingen und nicht auf einer Seite stecken zu bleiben. Das ist der Sinn der liegenden Acht.

Auf beiden Seiten freundlich auf mich schauen

Diese Übung bitte ich Sie mitzunehmen und in Ihrem Alltag wirken zu lassen. Fragen Sie sich von Zeit zu Zeit, auf welcher Seite der liegenden Acht Sie gerade sind. Wenn Sie auf der Plus-Seite sind und es Ihnen gut geht, freuen Sie sich. Wenn Sie gerade auf der Minus-Seite sind und es Ihnen nicht so gut geht, verurteilen Sie sich bitte nicht, sondern schauen Sie freundlich auf sich. Auch das gehört dazu.

Denken Sie daran, die Minus-Seite zuzulassen. Die mitunter schwere Realität gehört auch zum Schwingen dazu. Es bedeutet, sich ihr zu stellen, statt sie auszuklammern. Nur mit beidem erleben Sie echte Resilienz.

Und dann tun Sie sich bitte etwas Gutes.

DAS ALLERWICHTIGSTE: IHRE RESSOURCEN

Alles, was du brauchst, ist schon in dir vorhanden. Du musst es nur entdecken.

Milton Erickson

RESSOURCEN – INNERE UND ÄUSSERE KRAFTQUELLEN

Ressourcen sind alles, was uns Kraft und Halt gibt, im Innen und im Außen. In schwierigen Zeiten ist es wichtiger denn je, sich darauf zu besinnen. Nach dem Modell der liegenden Acht stellen Ressourcen die Plus-Seite dar. Oft sind sie uns gar nicht bewusst und tief vergraben oder wir können sie nicht wirklich fühlen. Wir brauchen jedoch ein Bewusstsein für diesen Reichtum in unserem Leben und, noch besser, ein Gefühl dafür und die zugehörige Körpererfahrung, wenn wir unsere Resilienz stärken wollen.

Wann ist etwas oder jemand eine Ressource? »Das habe ich noch nie so gesehen«, sagte neulich eine Klientin. Ich vermute, auch Sie werden überrascht sein, wie vieles in Ihrem Leben zu den Ressourcen zählt, wenn Sie es näher erforschen. Es kann alles Mögliche sein, zum Beispiel etwas, was Sie gut können oder geleistet haben und bisher für selbstverständlich hielten, worauf Sie jedoch stolz sein können. Wenn Sie diesen Stolz fühlen und spüren können, stärkt Sie das von innen.

Ressourcen im Außen sind zum Beispiel finanzielle Sicherheit, ein schönes Zuhause, in dem wir uns wohl- und sicher fühlen, eine stabile Partnerschaft, ein intaktes Familienleben, ein gesunder Körper, ein angenehmer und sicherer Arbeitsplatz, nette Kollegen, Freunde, auf die man sich verlassen kann, ein Garten, in dem wir uns gern aufhalten, oder ein Stück Land, auf dem wir Gemüse anbauen, eine vertraute Umgebung, ein Lieblingsurlaubsort, ein Lieblingssport, eine Lehrerin, die uns fördert und fordert, ein Mensch, bei dem wir einfach sein können, wie wir sind, und vieles mehr.

Doch auch wenn wir all das oder vieles davon nicht haben, können wir einen Schatz an Ressourcen in uns tragen. Zum Beispiel Charaktereigenschaften wie Optimismus, Mut oder Durchhaltevermögen, Zufriedenheit mit dem, was ist, Fähigkeiten und Talente wie eine besondere musikalische, sprachliche oder mathematische Begabung, schöne Erinnerungen, die uns niemand nehmen kann, das Aufgehobensein in einer Religion oder in der Spiritualität, Werte, die uns tragen und die wir leben, das Gefühl der Verbundenheit, die Liebe zur Natur und zur Musik und vieles mehr.

Für die folgenden Übungen nehmen Sie sich am besten viel Zeit. Sie können sie auch in Etappen machen. Am besten lassen Sie die eine oder andere Frage, die Sie besonders anspricht, in sich wirken.

Auf manche Fragen werden Sie sofort eine Antwort haben, andere werden Sie ratlos machen und Sie geraten in einen Raum des Nichtwissens. Das sind die Fragen, die Sie in die Tiefe führen, zu sich selbst.

Meine äußeren Ressourcen

Machen Sie es sich bequem und gehen Sie auf die spannende Reise, allein oder im Austausch mit einem anderen Menschen. Es macht auf jeden Fall Sinn, Ihre Ressourcen aufzuschreiben. Dann können Sie Ihre Liste immer wieder anschauen.

Im ersten Schritt nähern wir uns dem Thema gedanklich. Fragen Sie sich:
- *Welche wichtigen Menschen gibt es in meinem Leben?*
- *Mit wem bin ich gern zusammen?*
- *Wer ist für mich da, wenn ich Hilfe brauche?*
- *An welchem Ort fühle ich mich wohl?*
- *Was finde ich gut an meinem Körper?*
- *Wann fühle ich mich wohl in meinem Körper?*
- *Was ist stabil in meinem Leben?*

Schreiben Sie alles auf, was Ihnen einfällt. Sie können sich auch weitere Fragen ausdenken oder in der Auflistung weiter oben Anregungen dafür finden, was alles eine Ressource im Außen sein kann. Ihre Liste können Sie jederzeit ergänzen.

Meine inneren Ressourcen

Nun wenden wir uns Ihren inneren Ressourcen zu. Finden Sie jetzt Ihre Antworten auf Fragen wie:
- *Was kann ich besonders gut?*
- *Was mache ich besonders gerne?*
- *Was gibt mir Kraft im Leben?*
- *Wann bin ich zufrieden?*

- *Wann fühle ich mich besonders wohl?*
- *Was möchte ich noch erreichen?*
- *Welche Werte sind mir wichtig?*
- *Was erlebe ich in der Natur?*
- *Was gibt mir meine Lieblingsmusik?*
- *Wann bin ich authentisch?*

Auch für die Suche nach Ihren inneren Kraftquellen finden Sie in der Auflistung weiter oben Anregungen dafür, was alles infrage kommt, und vielleicht fallen Ihnen noch weitere Fragen ein.

Ihre Liste können Sie später immer wieder anschauen und ergänzen.

Machen Sie es so konkret wie möglich

Wenn ich Klientinnen nach Ihren Ressourcen frage, bekomme ich häufig die Antworten »die Natur« oder »Musik«. Dann frage ich nach, was das konkret für sie bedeutet.

Denn das Besondere an Somatic Experiencing ist, dass neben Gedanken, Emotionen und inneren Bildern ganz besonders den Körperempfindungen viel Raum gegeben wird. In diesem Buch nehme ich Sie mit auf den Weg, wie Ihr Körper Ihnen zeigt, *was Ihnen guttut und was Sie brauchen,* für Ihre Gesundheit und um resilient zu sein. Körperempfindungen wahrzunehmen ist für viele Menschen nicht so einfach, wenn sie nicht dabei angeleitet werden. Eine Hilfe dabei ist, *Gedanken konkret werden zu lassen.*

»Musik« zum Beispiel kann alles Mögliche bedeuten. Als ich in Beijing lebte, hörte ich eines Tages in einem Café Flötenmusik und wusste plötzlich: Ich will Flöte spielen lernen. Das habe ich auch wahr gemacht, mit einem einzigartigen chinesischen Lehrer. Jemand anders verbindet mit Musik die Liebe zu Barpiano, Bach oder Folkmusic. Es ist auch ein Unterschied, ob man Musik vor allem hört oder selbst ein Instrument spielt. So viel zu Musik als Ressource.

Oder eine Klientin sagt: »Telefonieren«. Das ist erst einmal sehr abstrakt. Ich möchte es gern konkret wissen und frage nach: »Mit wem telefonieren Sie gern?« Sie antwortet: »Mit meiner Freundin Antje.« Dann frage ich noch konkreter nach: »Was ist schön, wenn Sie mit Antje telefonieren?« Sie überlegt: »Wir unterstützen uns. Antje erzählt mir, was sie gerade beschäftigt, und ich erzähle ihr von mir. Wir machen uns gegenseitig Mut. Wenn ich daran denke, kann ich ihre Stimme hören. Das tut mir gut.«

Bei dieser Beschreibung verändert sich etwas in meiner Klientin. *Das gute Gefühl kommt im Körper an.* Das ist der Sinn davon, einen abstrakten Begriff *konkret* zu beschreiben, ihn mit allen Sinnen zu erleben.

In die Erfahrung eintauchen

Nehmen Sie eine Ressource, die sich in einem Begriff ausdrücken lässt wie »Natur«, »Musik«, »Gemeinschaft«, »Reisen«, »Sport«, »Kochen«.

Dann stellen Sie sich vor, Sie erzählen jemandem die Einzelheiten, was diese Ressource konkret für Sie bedeutet. Diese Übung können Sie auch gut zu zweit machen und sich darüber austauschen, was Sie mit Musik, Gemeinschaft oder welcher Ihrer Ressourcen auch immer verbinden.

Achten Sie dabei darauf, dass Sie alle Sinne mit einbeziehen: Ihre inneren Bilder (das können Erinnerungen oder Zukunftsfantasien sein), was es dabei zu hören gibt, vielleicht auch zu riechen und zu schmecken, wie Sie sich fühlen und was Sie im Körper erleben.

Vielleicht läuft Ihnen das Wasser im Mund zusammen oder es taucht eine Sehnsucht auf nach alten Zeiten oder einem Menschen. Beschreiben Sie Ihre Vorstellung oder Erinnerung mit allem, was Ihnen dabei einfällt. Vielleicht hören Sie innerlich die Wellen am Meer, eine Band mit Ihrer Lieblingsmusik oder Sie hören einen anderen Menschen wichtige Worte sagen. Oder Sie lieben Gartenarbeit und mögen es, mit Ihren Händen die Erde zu fühlen.

Tauchen Sie in die Erfahrung ein und erleben Sie Ihre Ressourcen mit allen Sinnen.

Wenn Sie eine Ressource konkret mit allen Sinnen beschreiben, hilft Ihnen das, in die Erfahrung einzutauchen. *Das gute Gefühl kann im Körper ankommen.* Sie denken nicht nur daran, sondern *erleben* sie.

Woher weiß ich, ob eine Ressource trägt?

Wann führt das Erleben einer Ressource dazu, dass Sie sich stärker fühlen? Die Antwort ist ganz einfach: Sie spüren es im Körper.

Nehmen wir an, Sie haben Stress mit einem Kollegen. Sie fühlen sich zum Beispiel übergangen oder nicht beachtet. Wenn Sie sich nun gedanklich in eine Vorstellung versetzen, die Ihnen vielleicht einmal bei einer Fantasiereise gutgetan hat, zum Beispiel ein Palmenstrand in der Karibik, wird das wahrscheinlich nicht viel verändern. Der Stress mit Ihrem Kollegen und das Wohlgefühl am Strand haben nichts miteinander zu tun.

Was brauchen Sie stattdessen? Es gibt viele Möglichkeiten. Es könnte etwas sein, das Ihnen bisher in der Situation gefehlt hat und das Ihnen Kraft gibt, anders damit umzugehen. Es könnte die Erinnerung sein, wie Sie sich schon einmal in einer ähnlichen Situation geholfen haben, oder die Entscheidung, sich an jemanden um Hilfe zu wenden, oder ein weiterer Mosaikstein wie die Klarheit, dass Sie in diesem Job nicht an der richtigen Stelle sind und sich etwas anderes suchen werden. Ob eine dieser Vorstellungen eine Ressource ist, die trägt, merken Sie daran, dass Sie sich beim Gedanken daran besser fühlen, kraftvoller, stärker.

Hat irgendeine Antwort in der letzten Übung Ihre Stimmung aufgehellt oder Sie sogar elektrisiert? Welcher Gedanke, welche Vorstellung ist es?

Sie spüren es im Körper! Eine wichtige Ressource erkennen Sie daran, dass sie etwas im Körper bewirkt, ein Umswitchen, eine Erleichterung, das Umschalten in den Parasympathikus, der im autonomen Nervensystem für Entspannung zuständig ist.

Wenn eine Idee Sie angesprochen hat oder Ihnen bei der Übung etwas eingefallen ist, das Sie fasziniert, bleiben Sie bitte dabei, malen Sie es sich aus. Ob eine Ressource trägt, können Sie nur *spüren*. Sie fühlen sich anders, besser, leichter, zuversichtlicher. Ihr Körper zeigt Ihnen, wenn eine Ressource angekommen ist, zum Beispiel mit einem Gefühl von Erleichterung, einem unwillkürlichen tiefen Atemzug, dem Gefühl, dass etwas Schweres endlich abfällt.

Eine lebenswichtige Ressource: Kontakt

Das Bedürfnis nach Kontakt und Bindung ist tief in uns angelegt. Der natürliche biologische Impuls, in Kontakt zu gehen, mag überlagert oder kollabiert sein, ist darunter jedoch noch bei jedem Menschen vorhanden. *Wir brauchen Kontakt,* um zu überleben. Wir brauchen den Blick in ein Gegenüber, das wir einschätzen können mit seiner Mimik und Gestik und mit dem wir kommunizieren und in Kontakt gehen können.

Für ein Baby ist es ein ganz natürlicher Entwicklungsschritt, dass es, wenn es Kontakt will, Blickkontakt aufnimmt, den Arm ausstreckt und seine Bezugsperson zu sich heranzieht. Das geschieht sogar mit einer unglaublichen Kraft. Wenn es genug Kontakt gehabt hat, lässt es wieder los und schaut woandershin. So steuert bereits ein Baby in den ersten Lebensmonaten sein Bedürfnis nach Kontakt.

Leider wird dieses natürliche menschliche Bedürfnis nach Kontakt nicht immer ausreichend oder auf gesunde Weise beantwortet. Ist dies über längere Zeit oder immer wieder der Fall, gerät das Baby erst in Hochstress und fällt dann ins Bodenlose. Es mag dann so aussehen, als wäre es »pflegeleicht«, aber das ist ein Irrtum! Das Baby ist in Wahrheit kollabiert und tief resigniert.

Wer in der frühen Lebensphase nicht die Art von Kontakt erfahren konnte, die für eine gesunde und natürliche Entwicklung notwendig gewesen wäre, fühlt sich als Erwachsene bei fehlendem Kontakt leicht zurückgeworfen in das damalige Erleben. Wer dazu Anschauungsmaterial sehen möchte, dem empfehle ich das Video *Still Face* auf YouTube. Es zeigt, was mit einem Baby passiert, dem der natürliche Kontakt verwehrt wird. Ein Baby braucht ein offenes, freundliches Gesicht seiner Bezugsperson, die es in seinen Emotionen spiegelt, die es sieht, auf es eingeht, es beantwortet.

Nährender Kontakt

Auch als Erwachsene brauchen wir Kontakt. Das Gute ist, dass wir das, was damals fehlte, heute nachholen können – durch *nährenden Kontakt.* Das geht allerdings nicht allein, sondern nur mit einem anderen Menschen.

Ob ein Kontakt nährend ist, können wir spüren. Wir wissen es im Körper, ob das Miteinander echt, freundlich, warm, nährend ist. Es kann sich individuell ganz unterschiedlich anfühlen, zum Beispiel ein sattes Gefühl im Bauch, ein warmes Gefühl im Herzen, ein Lächeln, ein Gefühl von Sich-fallen-lassen-Können.

Und noch eine gute Nachricht: Wenn Sie sehen, wie zwei Menschen in einem echten Kontakt sind, sich mit warmem Lächeln anschauen, sich liebevoll berühren, kann das über Ihre Spiegelneuronen etwas in Ihnen auslösen. Das kann in der Realität sein oder in Filmen. Mein Vorschlag: Machen Sie sich eine Liste von für Sie nährenden Filmen und sehen Sie sie an, um das Gefühl für guten, sicheren Kontakt in sich aufzunehmen.

Kontakt als Ressource in meinem Leben

Fragen Sie sich, mit wem Sie Kontakt als Ressource in Ihrem Leben erfahren. Es kann auch ein Tier sein. Mit wem haben Sie so guten und sicheren Kontakt, dass es sich im Körper wohlig anfühlt?

Vielleicht ist es nur eine Person, vielleicht sind es zwei oder drei nahe Menschen. Diese können mehr wert sein als 500 Facebook-Freunde. Es geht um Qualität, nicht um Quantität.

Wie fühlt es sich für Sie an, an diesen Menschen oder an dieses Lebewesen zu denken?

Was hilft mir in Krisenzeiten?

In Krisenzeiten brauchen wir den Zugang zu unseren inneren Kraftquellen ganz besonders. Krisen triggern uns auf unterschiedliche Weise: Existenzielle Not, Isolation und Einsamkeit, Angst vor Krankheit und Tod, Sorgen um nahestehende Menschen und andere Themen vermischen sich mit unverarbeiteten Traumata: frühen Erfahrungen von Mangel und Verlassenheit, unverarbeiteten Kriegstraumata in der Familiengeschichte, einschneidenden Verlusten, Erfahrungen von Hilflosigkeit und Kontrollverlust.

Resilienz ist die Fähigkeit, immer klarer zu erkennen, welche Themen mich triggern, und in der Lage zu sein, immer leichter zwischen altem, im Körper gespeichertem Trauma und aktuellem Geschehen zu unterscheiden.

Meine Kraftquellen in der Krise

Machen Sie es sich bequem, nehmen Sie sich ein bisschen Zeit, um sich im Sessel zu erden und im Raum umzuschauen und sich zu orientieren. Dann fragen Sie sich:

- *Was gibt mir Halt in der Krise?*
- *Wenn (fast) alles wegbricht, was trägt?*
- *Was hat mir schon einmal in einer Krise Halt gegeben?*
- *Wie komme ich in meine Kraft – trotz allem?*
- *Wie bleibe ich in meiner Kraft – trotz allem?*
- *Wie erlebe ich ein Stück Normalität in der Krise?*
- *Worauf – nach der Krise – freue ich mich schon jetzt?*

Welche Möglichkeiten habe ich im Jetzt?

Unterscheiden zwischen damals und heute – diese Übung ist ganz wichtig in der Psychotherapie, wenn es um Trigger und traumatische Erfahrungen geht. Immer wenn ein Thema alte Wunden aufreißt, wir in früheres Erleben rutschen und den alten, damit verbundenen Stress noch einmal erleben, geht der Blick für die eigenen

Ressourcen verloren. Sie sind jedoch da und wollen wieder in den Blick genommen werden. Dann können wir uns fragen: Welche Möglichkeiten habe ich heute, die ich damals noch nicht hatte?

Heute stehen uns anders als damals jede Menge Ressourcen zur Verfügung. Besinnen wir uns also darauf, dass wir heute in einer ganz anderen, viel besseren Position sind als damals. Wir sind nicht nur älter, sondern auch erfahrener. In der Zwischenzeit haben wir vieles gelernt, in Ausbildung und Studium, in Fortbildungen, in einer Therapie, in allen möglichen Lebenssituationen. Es gibt technisch ganz andere Möglichkeiten. Wir können uns selbst ganz anders helfen und wir können uns auch Hilfe holen, wenn wir sie brauchen.

Damals – heute

In dieser Übung trennen wir damals und heute. Nehmen Sie etwas, das beim letzten Mal schiefging und an das Sie dieses Mal anders herangehen wollen. Unbelastet und offen. Das Thema sollte nicht zu groß sein.

Fragen Sie sich: Was war damals? Und was ist heute anders? Vor allem: Welche Ressourcen habe ich heute – anders als damals? Was habe ich gelernt, was ich damals gebraucht hätte? Was habe ich aus der Situation damals gelernt, was ich heute anders machen würde?

Sie können diese Übung auch schriftlich machen. Dann teilen Sie ein Blatt Papier in zwei Spalten. Über die linke Spalte schreiben Sie »Damals« und über die rechte Spalte »Heute«.

Fangen Sie klein an, mit äußeren Dingen, zum Beispiel: Damals war ich ein Kind, heute bin ich erwachsen. Damals hatte ich blonde Haare, heute habe ich blonde Strähnchen. Damals war ich viel mit dem Fahrrad draußen, heute sitze ich meist am Computer.

Manchmal reicht das schon aus, um damals und heute zu trennen. Wenn nicht, gehen Sie ein bisschen tiefer, zum Beispiel: Damals war ich unerfahren und habe XY vertraut. Heute würde ich mich vorher im Internet informieren. Oder: Heute würde ich auf mein schlechtes Gefühl hören und den Termin absagen.

Machen Sie so lange weiter, bis Ihnen klar ist: Heute habe ich – seit damals – viel gelernt, ganz viel Lebenserfahrung angehäuft, die ich damals noch nicht hatte. Heute habe ich technische Möglichkeiten, die es damals nicht gab, heute bin ich der Situation nicht mehr so ausgeliefert, sondern kann zum Beispiel Verbündete suchen.

Fahren Sie fort, bis in Ihrem Bewusstsein eine Trennung entstanden ist zwischen damals und heute und Sie deutlich spüren: Heute habe ich Ressourcen, die ich damals noch nicht hatte. Und zwar …

**Resilienz ist die Fähigkeit,
den Fokus immer wieder
vom Problem zu den Ressourcen zu lenken.**

Was gibt mir Sicherheit in der Unsicherheit?

Je mehr Unsicherheit wir erlebt haben oder gerade erleben, desto mehr Sicherheit brauchen wir als Gegengewicht. Die Frage ist: Wie können wir bei aller Unsicherheit trotzdem auch immer wieder ein Gefühl von Sicherheit erleben? Für diese Übung nehmen Sie am besten Papier und Stift zur Hand.

1. *Listen Sie auf, wer oder was Ihnen in irgendeiner Form Sicherheit gibt oder jemals gegeben hat. (Auch Erinnerungen können wertvolle Ressourcen sein!) Unterscheiden Sie dabei äußere und innere Sicherheiten. – Ich empfehle Ihnen, diese Liste wie eine Art Brainstorming zu erstellen, also ganz unzensiert. Schreiben Sie alles auf, was Ihnen einfällt.*
2. *Gehen Sie Ihre Liste langsam durch. Wie fühlt es sich an, die einzelnen Begriffe oder Namen auf der Liste durchzugehen? Können Sie dabei Unterschiede wahrnehmen? Wo spüren Sie, dass irgendwo im Körper eine positive Veränderung einsetzt? Wird Ihnen warm ums Herz? Zaubert ein Gedanke ein Lächeln auf Ihr Gesicht? Wird Ihr Atem langsamer und tiefer?*

- *Vertrauen Sie Ihrem Körper. Er wird Ihnen zeigen, wie sich Sicherheit anfühlt.*
- *Sie können Ihre Liste immer wieder zur Hand nehmen und ergänzen. Wenn Sie Ihren Fokus auf das richten, was Ihnen Sicherheit gibt, kann es sein, dass Ihnen mit der Zeit immer mehr dazu einfällt, an das Sie anfangs nicht gedacht haben.*

Nichts ist selbstverständlich

Noch vor einigen Monaten habe ich in meiner Freizeit mit anderen gesungen, getanzt und musiziert. Wer hätte gedacht, dass das einmal nicht mehr möglich sein würde?

Nicht wenige Menschen müssen erleben, wie nach vielen gemeinsam verbrachten und glücklichen Jahren ihr Partner, ihre Partnerin oder ein Elternteil dement wird, sich langsam nach innen verabschiedet und sie irgendwann nicht einmal mehr erkennt. Nie hätten sie geahnt, dass diese Beziehung, einst ein Quell von Sicherheit, Glück oder Freude, sich in einen langsamen, schmerzlichen Abschied verwandeln würde.

Nichts ist selbstverständlich. Alles, was wir haben und was wir sind, können wir jederzeit verlieren. Wenn ich in aller Klarheit sehe, dass nichts selbstverständlich ist, kann mir das Angst machen – die Minus-Seite in Reinkultur – oder es kann mich ganz in den Augenblick bringen, in ein Gefühl großer Wertschätzung und Dankbarkeit – auf die Plus-Seite.

Eine Übung zum Innehalten: Dankbarkeit

Fragen Sie sich:
Was ***habe*** *ich, wofür ich dankbar bin? Menschen, Orte, Ressourcen außen.*
Was ***bin*** *ich, wofür ich dankbar bin? Eigenschaften, Talente, Ressourcen innen.*
Was macht es mit mir, wenn ich Dankbarkeit erlebe?

Was mir niemand nehmen kann

Immer wieder erlebe ich in meiner Praxis, wie Klientinnen das Eintauchen und körperliche Erleben in eine Ressource als einen »Schatz« bezeichnen und als »etwas, das bleibt«. Wir alle tragen solche Schätze in uns. Viele sind noch nicht gehoben, also bleiben wir dran.

Auch Erinnerungen sind etwas Kostbares, etwas, das uns niemand nehmen kann. Manchmal erinnern wir uns dabei an spektakuläre Ereignisse wie ein Konzert mit dem großen Jazzpianisten Keith Jarrett oder einen Spaziergang über die Große Mauer in China. Doch mein Herz wird mindestens genauso berührt von den kleinen Momenten, einer spontanen Begegnung, einem geheimen Einverständnis im Blickkontakt, einem Lächeln an der Supermarktkasse, einem Kinderbild, das mir geschenkt wird, einem Sonnenuntergang im benachbarten Wald.

Meine Ressourcen-Schatzkiste

Im Verlauf dieses Kapitels haben Sie schon viele Ihrer Ressourcen zusammengetragen. Und es gibt noch viel mehr! Damit Sie sich immer wieder daran erinnern, was für einen Schatz an Ressourcen Sie haben, können Sie nun eine Liste zusammenstellen oder ein Bild davon malen oder eine Collage basteln.

Dieses Bild oder diese Liste ist dazu gedacht, sie immer mal wieder in die Hand zu nehmen und hineinzuspüren, wie es sich anfühlt, diese oder jene Ressource zu haben oder zu sein.

Ihre Schatzkiste wächst auch mit. Mit Ihrem jetzigen Gespür für Ressourcen werden Sie immer neue Schätze in Ihrem Leben entdecken und können Ihre Ressourcen-Schatzkiste weiter damit anfüllen.

WORAUF ES BEIM SPÜREN ANKOMMT

While it looks like I am doing nothing…
my cells are happily dancing.

Navanita Harris

SPÜREN MACHT GLÜCKLICH

Während es so aussieht, als würde ich nichts tun, sind meine Zellen glücklich am Tanzen. So beschreibt die Tanzpädagogin Navanita Harris, wie es sich für sie anfühlt, in ihren Körper zu spüren.

Spüren macht glücklich. Vor allem Ressourcen nachzuspüren macht richtig glücklich: Es verbreitet ein Wohlgefühl, löst Spannungen, macht lebendig. Und es regt zur Selbstregulation an. Je öfter wir es tun, desto leichter wird es. Durch achtsames Spüren können Sie Ihre Zellen mit Glücksgefühlen fluten – und ganz nebenbei Ihr Immunsystem und Ihre Resilienz stärken.

An körpereigenes Wissen anknüpfen

Immer mehr Menschen entdecken, dass ihr Körper nicht nur ein Objekt der Optimierung ist – schöner, schlanker, fitter –, sondern ein Ort der inneren Weisheit, des Wohlbefindens und der Heilung. Wir können uns mit ihm verbünden. Dafür brauchen wir einen Zugang zu unserer Körperweisheit.

Ich möchte Ihnen ein berührendes Beispiel für Körperweisheit erzählen. Eine Freundin hat vor Kurzem Zwillinge bekommen, sie kamen zwei Monate zu früh zur Welt. In der ersten Zeit lagen die beiden, ein Junge und ein Mädchen, in getrennten Brutkästen. Dann wurden sie zusammengelegt und da geschah ein kleines Wunder. Das Mädchen drehte sich hin zu ihrem Bruder! Obwohl sie das »noch gar nicht kann«. Die Schwestern in der Frühchenstation wollten es kaum glauben und legten das kleine Mädchen, das links von ihrem Bruder lag, nun rechts von ihm hin. Und wieder drehte es sich hin zu ihm, diesmal nach der anderen Seite! Ihr Körper hat die Erfahrung gespeichert, dass es ein sicherer und vertrauter Ort ist, ganz nahe mit ihrem Bruder zusammen zu sein.

Streben nach innerer Balance

Auch wir als Erwachsene können an körpereigenes Wissen anknüpfen. Der menschliche Körper ist ein Wunderwerk. Auch Ihr Körper! Sind Sie sich dessen bewusst? Oder erleben Sie Ihren Körper eher als Last oder gar als Feind? Dann möchte ich Sie einladen, sich daran zu erinnern, wann Ihr Körper irgendwann einmal eine Verletzung geheilt hat – vorausgesetzt, er hatte die notwendigen Ressourcen dafür, sei es eine bestimmte Behandlung oder einfach nur Zeit und ausreichend Ruhe zur Erholung.

Dem menschlichen Körper wohnt ein grundlegendes Streben nach innerer Balance inne. Er will immer zurück ins Gleichgewicht. Denken wir nur an unser Immunsystem. Es hat uns seit Menschengedenken geschützt, es ist unser Verbündeter. Also gehen wir sorgsam mit ihm um, unterstützen wir es und geben ihm, was es braucht, damit es für uns da sein kann.

Auf biochemischer Ebene gibt es unzählige Regelkreisläufe im Körper, die nach Gleichgewicht streben. Eine Wunde kann heilen, ganz einfach, weil das von der Natur so vorgesehen ist. Auch Traumata kann man heilen, über den Körper, wie Peter Levine mit der von ihm entwickelten ganzheitlichen Methode Somatic Experiencing (SE) zeigt. Auch dieser Methode liegt das Streben des Körpers (in diesem Fall des Nervensystems) nach innerer Balance zugrunde.

Ein direkter Zugang zu unserer Körperweisheit

- In meiner körpertherapeutischen Arbeit mit SE befasse ich mich mit Heilung auf allen Ebenen und immer ist der Körper mit dabei. In Somatic Experiencing sind alle Ebenen einbezogen:
- das *Denken,* indem wir Erfahrungen eine Bedeutung geben,
- das *Fühlen* und Erleben unserer Emotionen,
- die *Vorstellungskraft,* die innere Bilder aus der Vergangenheit in die Zukunft projiziert,
- im Körper gespeicherte Reaktions- und *Verhaltensmuster* und
- das Erleben der Körperempfindungen: das *Spüren* in den Körper.

Das Spüren in den Körper ist die Ebene, die alle anderen Ebenen miteinander verbindet und die letztendlich zu einer tiefgreifenden und dauerhaften Veränderung führt. Es ist der Zugang zu unserer Körperweisheit. Nun gibt es, was das Spüren in den Körper angeht, ein großes Missverständnis. Deswegen widme ich dem Thema Spüren ein eigenes Kapitel und erkläre so detailliert, worauf es beim Spüren ankommt.

Ein Missverständnis

Um größtmögliche Resilienz zu erleben, ist es meiner Erfahrung nach unerlässlich, ihre Kraft im Körper zu spüren, und zwar so oft wie möglich. Es ist für mich immer wieder faszinierend zu erleben, wie man sich bei Stress stets von Neuem beruhigen und neu motivieren kann. Soll der Körper den Weg dorthin zeigen, dann muss man ihn zuerst *spüren*. Ganz einfach.

Es ist dabei entscheidend zu wissen, wann man in den Körper spüren darf und wann besser nicht oder nur kurz. Das möchte ich Ihnen an einem Beispiel erläutern.

Zwei Arten, in den Körper zu spüren

In meiner Praxis begleite ich meine Klientinnen häufig zunächst beim Ritual des Ankommens im Hier und Jetzt, wie ich es im gleichnamigen Kapitel ab Seite 32 beschrieben habe. Ich lade sie auch während der Sitzung immer wieder gezielt dazu ein, ihre Körperempfindungen wahrzunehmen. Manchmal kommt es dann vor, dass eine Klientin zu Beginn der nächsten Sitzung erzählt: »Letzte Woche habe ich mich, als die Angst kam, hingesetzt und in meinen Körper gespürt.«

Dann werde ich hellhörig. Es gibt nun zwei Möglichkeiten.

Die eine ist: »Ich habe hingespürt: Wie fühlt sich die Angst jetzt gerade in meinem Körper an? Mein Herz hat wie wild geklopft. Ich habe mich dann darauf konzentriert und bekam immer mehr Angst, je intensiver ich hineinspürte. Ich wusste kaum noch, wie ich mir helfen sollte.«

Die andere ist: »Ich habe mich hingesetzt und erst einmal tief Luft geholt. Während mein Herz bis zum Hals klopfte, erinnerte ich mich daran, wie Sie mir gezeigt haben, wie ich mich erden kann. Ich habe mich also darauf konzentriert, wie ich jetzt gerade sitze und wie meine Füße auf dem Boden stehen. Meine Füße konnte ich nicht so gut spüren, aber meine Sitzfläche schon. Also habe ich mich darauf konzentriert. Nach einer Weile merkte ich, wie ich schwerer wurde und anfing, mich zu beruhigen.«

WANN DARF MAN NACHSPÜREN UND WANN NICHT?

Was ist der Unterschied zwischen den beiden Arten, sich zu spüren?

Im ersten Beispiel war es ein Spüren in die Minus-Seite, in das Belastende, hier die Angst. Da der gesamte Fokus auf der Angst und ihrem körperlichen Ausdruck lag, wurde der Rest ausgeblendet und die Angstsymptome verstärkten sich immer mehr. Das ist kontraproduktiv. Sich voll auf ein Angstgefühl zu konzentrieren, kann ich Ihnen als Selbsthilfe in keinem Fall empfehlen!

Im zweiten Beispiel fokussierte sich meine Klientin, während die Angst da war, darauf, was es neben der Angst im Körper noch zu erleben gibt, und auf das, was hilfreich sein könnte. Das Nachspüren – wo bin ich gerade geerdet, was gibt mir Halt auf dem Stuhl, was trägt mich, wo kann ich mich anlehnen? – ist die Plus-Seite. Sobald die Aufmerksamkeit darauf gerichtet wird, verstärkt sie sich. Gleichzeitig nimmt die Minus-Seite, in diesem Fall die Angst, ab. Darum geht es. Wir spüren in unsere Ressourcen!

Worauf es beim Spüren ankommt

- Mit einer offenen, neugierigen Haltung spüren, ohne zu bewerten
- Aufkommende Gedanken freundlich stoppen, parken und sich wieder dem Spüren zuwenden
- Eine innere Beobachterperspektive beibehalten, also etwas »draußen« bleiben
- Wissen, wann man in den Körper spüren darf und wann auf keinen Fall
- Körperempfindungen nur wahrnehmen und nicht versuchen, etwas zu »machen« (kein aktives »Entspannen-Wollen«)
- Beim Spüren den Fokus auf kleine positive Veränderungen legen
- Im Körper das wohltuende Umswitchen erfahren, wenn eine Ressource trägt
- Wissen, wie man das gute Gefühl einer Ressource tiefer im Körper ankommen lässt
- Durch wiederholtes Nachspüren die eigenen Ressourcen im Körper nachhaltig verankern, um der *Resilienz einen Weg im Nervensystem zu bahnen*

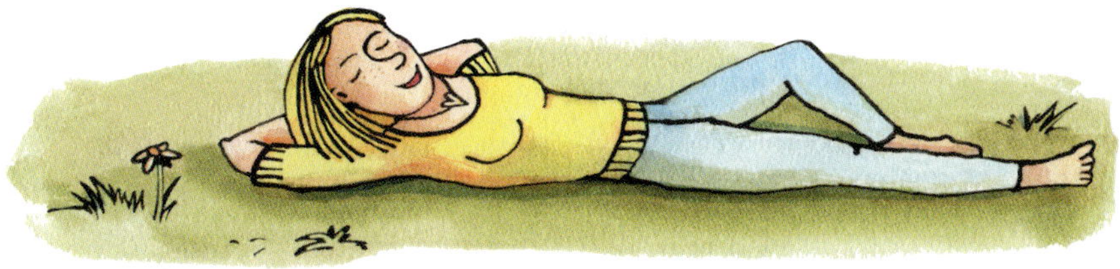

Wohin spüre ich gewohnheitsmäßig?

Nehmen Sie die folgenden Fragen mit in Ihren Alltag und beobachten Sie sich freundlich:

- *Worauf richte ich gerade meine Aufmerksamkeit?*
- *Bin ich mehr auf der Minus-Seite? Bei unangenehmen Körperempfindungen?*
- *Hilft mir das jetzt gerade weiter?*
- *Bin ich mehr auf der Plus-Seite? Bei angenehmen Körperempfindungen?*
- *Hilft mir das jetzt gerade weiter?*
- *Lernen Sie Ihre Spürgewohnheiten auf diese Weise immer besser kennen.*

IMMER WIEDER: ES GEHT UM AUFMERKSAMKEIT

Ich möchte immer wieder betonen, dass unsere wertvollste Ressource unsere Aufmerksamkeit ist. Mit ihr wählen wir das aus, was wir in unser Leben lassen, allein dadurch, dass wir ihm Aufmerksamkeit schenken, in jedem einzelnen Augenblick. Sind wir sehr auf Negatives fokussiert, bekommen wir mit der Zeit ein negatives Weltbild. Wir steuern damit unsere Wahrnehmung, auch unsere Körperwahrnehmung.

Das Modell der liegenden Acht mit der Minus- und der Plus-Seite können wir uns auch beim Spüren immer vor Augen halten. Es ist ganz einfach: Wenn wir mit ganzer Aufmerksamkeit in die Minus-Seite spüren, wird diese größer. Wenn wir dagegen unsere ganze Aufmerksamkeit auf die Plus-Seite richten, verstärken wir diese.

Oder anders ausgedrückt: Spüren wir mit voller Aufmerksamkeit in das Problem, den Schmerz, das Aussichtslose, dann wird dieses uns nach und nach vollkommen absorbieren. Richten wir unsere Aufmerksamkeit dagegen auf eine Lösung, eine angenehme Körperstelle, das Mögliche, werden diese Bereiche nach und nach immer mehr Raum in uns einnehmen.

Aufmerksamkeit ist Gold wert

Aufmerksamkeit kostet nichts und ist doch so wertvoll. Das fängt damit an, dass wir als Baby und als kleines Kind besser gedeihen, wenn wir liebevolle Aufmerksamkeit erhalten. Ohne diese überleben wir auch irgendwie, aber der liebende Blick einer Mutter oder einer anderen Bezugsperson, die ihrem Kind damit signalisiert: »Du bist wundervoll, so wie du bist«, ist durch nichts zu ersetzen. Ein Kind, das mit diesem Blick aufwächst und ihn verinnerlicht, hat eine gute stabile innere Basis für sein weiteres Leben. *Aufmerksamkeit nährt!*

Zum Beispiel am Geburtstag: Wir werden gefeiert, wir bekommen Geschenke und wir bekommen Aufmerksamkeit. Freundliche, zugewandte Aufmerksamkeit, gute Wünsche, schöne Karten oder sonstige Grußbotschaften. Die Geschenke sind vielleicht selbst gemacht, eine Geburtstagstorte nach dem Familienrezept, ein selbst gestrickter Schal oder ein mit Liebe ausgesuchtes Geschenk. Ein liebloses Geschenk enthält diese Aufmerksamkeit nicht. Wir können den Unterschied merken.

Als Erwachsene genießen wir die nährende Aufmerksamkeit, als Kind brauchen wir sie! Was geschieht nun, wenn ein Kind diese Zuwendung nicht bekommt? Vielleicht resigniert es, vielleicht wird es verhaltensauffällig, um wenn schon nicht liebevolle, dann wenigstens unwillige und strafende Aufmerksamkeit zu erhalten. *Besser negative Aufmerksamkeit als gar keine!*

Im späteren Leben geht das Spiel um Aufmerksamkeit und Bestätigung weiter. Angeheizt und gefördert wird es durch die Medien. In sozialen Netzwerken kann sich zeigen und profilieren, Klicks sammeln, wer das will und braucht.

Doch auch in anderer Hinsicht ist unsere Aufmerksamkeit Gold wert. Am Computer oder am Smartphone werden wir ständig verführt, irgendetwas anzuklicken. Wie leicht lassen wir uns auf der Suche nach etwas, das wir nur mal kurz googeln wollen, ablenken und klicken doch zu der tollen Jeans, den neuesten Nachrichten, dem Superbilligticket oder dem Link zu einem Text, den uns die personalisierte Werbung passgenau anzeigt. Alle buhlen um unsere Aufmerksamkeit. Dahinter stehen handfeste wirtschaftliche Interessen. Datenanalysten sammeln die Spuren, die wir im Netz hinterlassen, messen unser Verhalten und unsere Stimmung, um dann mithilfe künstlicher Intelligenz unser weiteres Verhalten – vor allem das Kaufverhalten – zu steuern.

Weshalb ist es für uns relevant, das zu wissen?

Weil *wir die Kontrolle über unsere Aufmerksamkeit brauchen, um resilient zu sein.* Aufmerksamkeit verstärkt. Wir brauchen das Bewusstsein: Das, worauf ich meine Aufmerksamkeit lenke, wird größer.

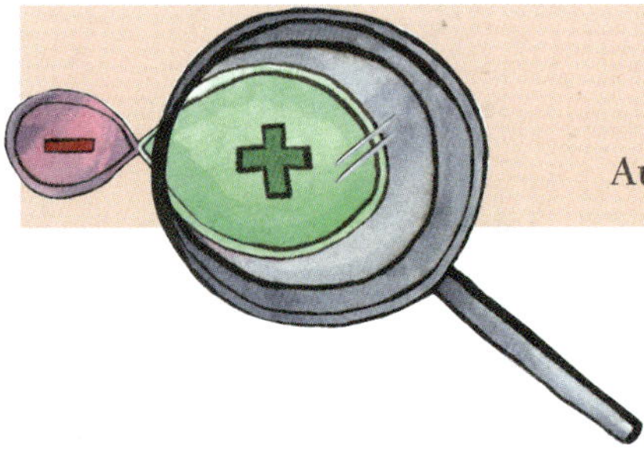

Aufmerksamkeit verstärkt.
Das, worauf ich meine
Aufmerksamkeit lenke, wird größer.

SPÜREN IST LANGSAM

Spüren ist langsam. Mit dem in unserer Gesellschaft weitverbreiteten Zack-zack-Tempo funktioniert es gar nicht. Auch ich bin lange Zeit dem Irrtum aufgesessen, dass Schnelligkeit besser ist, als langsam zu sein. Ich war sogar stolz, weil ich so schnell war. Heute kann ich darüber lachen, denn heute weiß ich es besser. Eigentlich bin ich langsam, und das tut so gut!

Am Ende meiner Somatic-Experiencing-Weiterbildung bekam jede von uns einen Stein geschenkt, auf dem mit goldener Farbe ein Wort geschrieben war. Sie ahnen schon, was auf meinem Stein stand: Langsamkeit. Damals war ich etwas irritiert (»Was hat Langsamkeit mit mir zu tun?«), aber tief im Inneren wusste ich: Dieser Stein beherbergt eine Botschaft an mich. Heute, nach 15 Jahren SE und Spüren als Teil meines Berufs, kann ich nur sagen: Langsamkeit tut mir gut. Immer wieder.

Ich kann auch schnell. Das habe ich lange genug praktiziert. Aber aus der Langsamkeit und der damit einhergehenden Ruhe und Verbindung mit mir selbst, mit meinem Körper und mit etwas Höherem kommt zum Beispiel meine Kreativität, fließen die Worte aus mir heraus.

Für alles gibt es eine Zeit. Als alleinerziehende Mutter oder mit Doppelbelastung von Familie und Beruf sind Sie wahrscheinlich froh, wenn Sie Ihr Pensum bewältigen können, und fragen sich, wozu Langsamkeit gut sein soll oder wo Sie sie überhaupt noch unterkriegen sollen. Die Antwort können Sie nur selbst finden.

Wenn es Ihnen wichtig genug ist, werden Sie irgendwo in Ihrem Zeitplan eine Nische für Ruhe, Langsamkeit und das Spüren finden, und allmählich schleicht sich diese neue Qualität vielleicht unbemerkt als Bereicherung in Ihr Leben ein.

Die verpasste Chance

Jedes Mal, wenn wir uns nicht die Zeit nehmen nachzuspüren, sobald sich Anspannung im Körper löst – sei es durch ein Gefühl von Erleichterung, durch eine plötzliche Freude, bei der das Herz aufgeht, durch eine Bestätigung unseres Selbstvertrauens, bei der wir uns kaum merkbar innerlich aufrichten als Zeichen von Würde –, jedes Mal verpassen wir eine Chance.

Diese Erfahrungen und noch viele mehr sind wichtige Ressourcen. Sie können *Resilienz im Körper bahnen,* allerdings nur, wenn man diesen Prozess im Nervensystem durch volle Aufmerksamkeit und intensives Spüren unterstützt.

Einstieg ins Spüren auf der richtigen Seite

Sicher fällt Ihnen auf, dass ich Ihre Aufmerksamkeit immer wieder auf das Angenehme oder das eher Angenehme in Ihrem Körper lenke. Das mache ich ganz bewusst. Genauso wie es uns oft automatisch in Richtung negative Gedanken zieht, bemerken wir meist die nicht so angenehmen Körperempfindungen zuerst. Das ist zunächst einmal ganz natürlich. Wenn ich Kopfschmerzen habe, spüre ich meinen großen Zeh nicht.

Doch Sie erinnern sich: Aufmerksamkeit verstärkt. Wenn ich mich voll auf meine Kopfschmerzen fokussiere, nehme ich nichts anderes mehr wahr. Sie sind da und sie sind unangenehm. Doch während sie da sind, gibt es noch viel anderes in meinem Körper zu spüren. In vielen Fällen kann ich positiv Einfluss nehmen auf mein Körpergefühl und damit mein Lebensgefühl, wenn ich meine Aufmerksamkeit gleichzeitig bewusst auf angenehme Empfindungen lenke.

Wo in meinem Körper ist es gerade angenehm?

Fragen Sie sich: Wo in meinem Körper ist es gerade angenehm? Wenn es irgendwo unangenehm ist, registrieren Sie das – es ist so – und wenden sich dann wieder der Frage zu: Wo ist es gerade angenehm?

Dann spüren Sie sich von innen: Wie fühlt sich mein Körper in 3-D an?

Kribbelt es irgendwo? Eher angenehm, neutral oder weniger angenehm? Wenn es eher weniger angenehm ist, registrieren wir das – es ist so – und wenden uns wieder der Frage zu: Wo ist es gerade angenehm?

Bleiben Sie bei dieser angenehmen Empfindung und genießen Sie sie.

WORAUF ES BEIM SPÜREN NOCH ANKOMMT

Die Kunst des Spürens beinhaltet noch etwas Entscheidendes: Beim Spüren achten wir vor allem auf *kleine Unterschiede!* Ich möchte sogar so weit gehen zu sagen: Spüren ist die Kunst, kleine Unterschiede wahrzunehmen.

Warum ist das so, dass wir die kleinen Unterschiede oft übersehen? Ich versuche mal eine Erklärung: weil wir eher perfektionistisch sind als zufrieden mit kleinen Erfolgen? Weil wir mehr auf Selbstoptimierung gepolt sind als auf Selbstmitgefühl? Was ist Letzteres überhaupt? Darüber werden Sie im Kapitel *Resilienz als Weg* ab Seite 128 noch einiges lesen.

Im Vergleich zum Idealzustand sind positive Veränderungen manchmal so klein, dass wir sie fast übersehen könnten. Dabei sind sie die Tür zur Veränderung, der Riss im bestehenden Gefüge.

Der Liedermacher Leonard Cohen sang: »There is a crack in everything. That's how the light gets in«, sinngemäß übersetzt: »In allem gibt es einen Riss, und genau dort kommt das Licht herein.« Im Deutschen klingt es nicht so rund wie im englischen Original. Trotzdem gibt es genau mein Verständnis von Resilienz wieder, so wie ich sie jeden Tag auf der Basis des Modells der liegenden Acht und von Somatic Experiencing erfahre.

Spüren ist die Kunst, kleine Unterschiede wahrzunehmen.

Kleine positive Veränderungen wahrnehmen

Bitte denken Sie an etwas Schönes. Es kann alles sein. Etwas, worauf Sie sich freuen, ein lieber Mensch, ein Stück Kuchen, Ihr Lieblingsbild an der Wand oder was auch immer.

Nehmen Sie den Moment wahr, an dem eine kleine positive Veränderung in Ihrem Körper geschieht, was auch immer es ist.

Es kann ein wohliges Kribbeln irgendwo im Körper sein, eine Wärme, es wird im Brustraum ein kleines bisschen weiter, ein Funke von Zuversicht schleicht sich ein, auf einmal fühlt sich irgendetwas ein wenig leichter an.

Alles ist möglich. Lassen Sie sich überraschen.

Ein gutes Gefühl im Körper ankommen lassen

Welche Ressource möchten Sie einmal konkret werden lassen, so lange, bis das gute Gefühl dazu in Ihrem Körper ankommt?
Was bedeutet Natur als Ressource für Sie ganz persönlich? Oder Musik? Die Erinnerung an ein ganz besonderes Konzert? Oder ist Meditation Ihre Ressource? Was genau ist es, was Sie dabei stärkt?
Im ersten Schritt machen Sie den Begriff so konkret wie möglich. Denken Sie an eine ganz bestimmte Szene in der Natur, einen bestimmten Moment in der Musik, in der

Meditation oder welche Ressource Sie gerade gewählt haben. Dann tauchen Sie in diese Szene ein, so als erlebten Sie sie gerade jetzt. Nehmen Sie sich die Zeit, bis Sie sie so erleben, dass Sie dabei ein gutes Gefühl haben – im Körper!
Dann lassen Sie dieses gute Gefühl sich ganz allmählich und immer weiter im Körper ausbreiten. Genießen Sie.

Aufatmen als Entspannungszeichen

Bei Gefahr, wenn wir erschrecken oder bei einem Schock halten wir unwillkürlich die Luft an. Wer als Kind oder auch später wiederkehrendem Stress ausgesetzt war, hat wahrscheinlich ein Muster entwickelt, immer wieder – unbemerkt! – die Luft anzuhalten.

In unsicheren Zeiten wird dieses Muster durch beunruhigende Nachrichten und Angstvorstellungen leicht getriggert. Daher meine Empfehlung: Achten Sie darauf, ob und wann Sie unabsichtlich die Luft anhalten. Oder Sie bitten eine nahestehende Person, Sie darauf aufmerksam zu machen, wenn Sie die Luft anhalten. Dann denken Sie freundlich »weiteratmen« und freuen sich eine Weile bewusst am Ein- und Ausatmen in Ihrem eigenen Rhythmus.

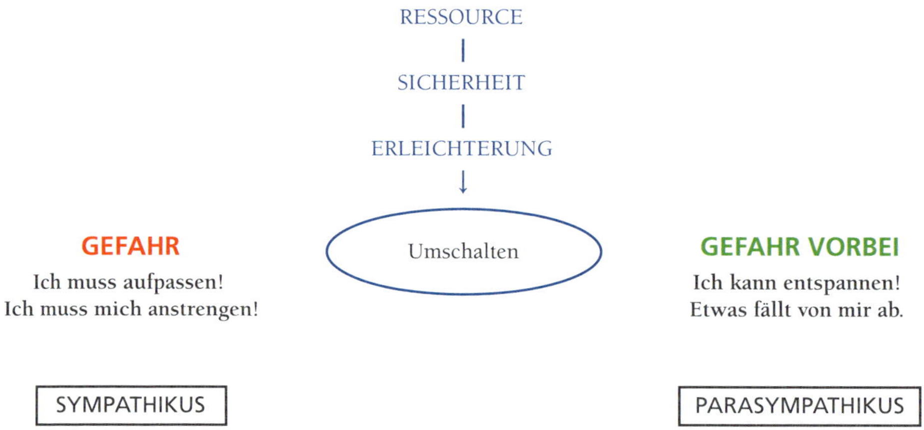

Zum Glück – und hier kommt wieder das Bestreben unseres klugen Organismus nach Gleichgewicht ins Spiel – sorgt das autonome Nervensystem immer wieder dafür, dass sich bei längerem Stress irgendwann von ganz allein ein tiefer Atemzug löst, ein tiefes, unbewusstes Ausatmen, manchmal auch mit einem langen Ton, einem Seufzer der Erleichterung. Dieses regelrechte Aufatmen geschieht immer wieder von allein, sobald irgendetwas leichter wird. Es kann sein, dass sich eine Befürchtung als unbegründet herausgestellt hat, oder Sie bekommen endlich einen Anruf, auf den Sie schon lange gewartet haben.

Um im Modell der liegenden Acht zu bleiben, geschieht dieses erleichterte Aufatmen bereits, sobald die Aufmerksamkeit von der Minus-Seite abgezogen wird und zur Plus-Seite wandert. Manchmal genügt es schon, kurzzeitig zu vergessen, was gerade für Anspannung sorgt. Sofort reagiert das autonome Nervensystem, schaltet um von Sympathikus auf Parasympathikus und fährt herunter.

Es geschieht von allein. Es ist ein Unterschied, ob Sie sagen: »Ich hole jetzt mal tief Luft.« Das kann auch wohltuend sein. Was ich hier beschreibe, ist jedoch etwas anderes. Ein unbewusstes tiefes Aufatmen ist der heilsame Mechanismus des Körpers, der für Ausgleich in angespannten Situationen oder kurz danach sorgt. Sonst würde man wohl irgendwann vor Spannung platzen.

ERLEICHTERUNG IM KÖRPER ANKOMMEN LASSEN

Wann immer Sie bemerken, dass sich unbewusst und von allein ein tiefer Atemzug löst, halten Sie bitte inne: Das ist ein Zeichen von Erleichterung! Nehmen Sie sich nun Zeit und spüren Sie nach.

Was auch immer diese Erleichterung hervorgerufen hat, Ihr Körper hat gerade von Anspannung auf Entspannung umgeschaltet und jetzt geht es darum, dieser Erleichterung mit voller Aufmerksamkeit nachzuspüren und sie im Körper ankommen zu lassen.

Entspannungszeichen erkennen

Diese Übung können Sie machen, wenn Sie gerade etwas geschafft haben, wenn sich eine Befürchtung als unbegründet herausstellt oder wenn Sie aus irgendeinem anderen Grund gerade erleichtert sind. Nehmen Sie sich ein bisschen Zeit und machen es sich bequem. Dann geben Sie der Erleichterung Raum und lassen sie in Ihrem Körper ankommen.

Fragen Sie sich: Woran erkenne ich gerade in meinem Körper, dass ich erleichtert bin? Diese Anzeichen nenne ich Entspannungszeichen.

- *Einer oder mehrere tiefe Seufzer der Erleichterung.*
- *Ein damit verbundenes tiefes Ausatmen.*
- *Ein wohliger, von tief innen kommender Ton der Erleichterung.*
- *Gähnen – endlich müssen Sie nicht mehr aufpassen und dürfen müde sein.*
- *Die Muskeln lassen Anspannung los.*
- *Ein »Entladungszucken« in Armen, Beinen oder im Rumpf.*
- *Ein Vibrieren bis Zittern als Zeichen von Entladung.*
- *Ein angenehmes Zusammensacken des Oberkörpers.*
- *Ein Gefühl von »Etwas sackt in mir« oder »Etwas fällt von mir ab«.*
- *Die Energie in Ihrem Körper bewegt sich nach unten.*
- *Der Kopf wird leerer, freier, das Denken ruhiger.*
- *Sie kommen »aus dem Kopf in den Körper«.*
- *Sie sitzen schwerer oder breiter, geben mehr Gewicht ab, lassen los.*
- *Sie spüren sich wieder.*
- *Sie spüren ein lebendiges Pulsieren im ganzen Körper.*
- *Innere Ruhe breitet sich aus.*

LAST, BUT NOT LEAST: DAS RICHTIGE MASS BEIM SPÜREN

In Kapitel *Ankommen im Hier und Jetzt* ab Seite 32 habe ich Ihnen eine Basisübung zur Stabilisierung vorgestellt, die *Orientierung im Raum* (Seite 38). Zur Erinnerung – sie ist ganz einfach und geht so:

Sie lenken Ihre Aufmerksamkeit bewusst nach außen in den Raum (dazu gehört auch der Ausblick aus dem Fenster) und lassen Ihren Blick schweifen. Dann benennen

Sie die Dinge, an denen Ihr Auge hängen bleibt, in Gedanken oder laut, und zwar so: »Ich sehe die Lampe«, »Ich sehe den Baum«. Mehr nicht.

Keine Bewertung wie »Diese Lampe ist wunderschön, ganz mein Geschmack« und keine Assoziation wie »Diese Lampe erinnert mich an den Stil der 1960er-Jahre. Damals …«. Warum nicht? Weil Sie dann ins Denken gehen und der Verstand immer nur entweder in der Vergangenheit oder in der Zukunft sein kann, niemals in der Gegenwart. Das kleine, schmale Fenster der Gegenwart können Sie nur *erfahren,* mit allen Sinnen.

Orientieren im Hier und Jetzt hat den Sinn, sich jederzeit stabilisieren zu können, wenn Sie gedanklich zu tief in Belastendes hineingezogen werden und die Gefahr besteht, dass Sie davon überwältigt werden und in Hochstress oder sogar in den Kollaps gehen. Indem Sie Ihre Aufmerksamkeit steuern, sie bewusst nach außen lenken und sich umschauen, unterbrechen Sie das Fühlen oder Spüren.

So haben Sie jederzeit die Kontrolle über Ihren inneren Stresspegel

Noch mal auf den Punkt gebracht:

Nach innen spüren mit voller Aufmerksamkeit verstärkt und intensiviert das Erleben.

Das ist so gewollt, wenn Sie in die Plus-Seite hineinspüren, in die Körperempfindungen zu einer Ressource, denn auf der Plus-Seite wollen wir die guten Gefühle zu einer Ressource intensiv erleben.

Das ist *nicht* gewollt, wenn Sie gerade auf der Minus-Seite sind, bei Stress, Schmerz oder sonstigem Belastendem. Auf der Minus-Seite bleiben wir am Rand, damit es uns nicht in den Sog des Traumas hineinzieht.

Nach außen schauen mit voller Aufmerksamkeit unterbricht das Spüren und damit die Intensivierung der Körperempfindungen.

Das ist so gewollt, denn damit haben Sie jederzeit die Kontrolle über Ihren inneren Stresspegel. Wenn es im Körper zu intensiv wird, schauen Sie nach draußen. Wenn Sie wieder mehr fühlen möchten, spüren Sie wieder nach innen.

In diesem Kapitel habe ich Ihnen gezeigt, worauf es beim Spüren ankommt. Im nächsten Kapitel *Resilienz durch Selbstregulation* beschreibe ich Ihnen Schritt für Schritt, wie Sie alle bisher gelernten Bausteine zusammensetzen und sich damit immer leichter bei Stress regulieren und Resilienz erleben können. Bleiben Sie dran.

RESILIENZ DURCH SELBSTREGULATION

Denken Sie daran:
Sie haben die Biologie auf Ihrer Seite.

PETER LEVINE

WARUM »LOSLASSEN AUF KNOPFDRUCK« NICHT FUNKTIONIERT

In der Ruhe liegt die Kraft. Doch wie kommen wir dahin, wenn wir gerade gestresst sind?

Hat schon mal jemand zu Ihnen gesagt: »Lass doch einfach los«, oder: »Entspann dich mal«, als Sie aufgeregt oder gar außer sich waren? Hat Ihnen das geholfen? Oder hat es Sie sogar noch hilfloser oder wütender gemacht? Zu Recht.

Entspannen oder loslassen auf Knopfdruck funktioniert nicht. Es gibt ja einen Grund, warum das Nervensystem gerade mit Aktivierung reagiert. Es macht einfach seinen Job. Bei Stress oder Gefahr, egal ob real oder nur vorgestellt, bereitet es uns auf Handlung vor. Damit es begreift, dass jetzt nicht die Zeit zum Handeln ist, braucht es Sicherheit – und dieses Gefühl muss im Körper ankommen.

Unser Nervensystem braucht Sicherheit in Form von Ressourcen: Handlungsmöglichkeiten, Perspektiven, Unterstützungsangebote, Erinnerungen an vorhandene Ressourcen oder ähnliche bereits gemeisterte Krisen und viele weitere Ressourcen, wie Sie sie in Kapitel *Das Allerwichtigste: Ihre Ressourcen* ab Seite 59 erforscht haben.

Das Ziel ist nicht Entspannung, sondern Selbstregulation

Selbstregulation heißt: Das Loslassen geschieht von selbst, sobald die Voraussetzungen dafür erfüllt sind.

In dem Augenblick, in dem man eine Bedrohung – real oder in der Vorstellung – nicht länger erlebt, registriert das autonome Nervensystem: Gefahr vorbei. Keine Bereitschaft mehr für Kampf, Flucht oder Verteidigung nötig. Jetzt ist Erholung angesagt. Die Muskeln können sich entspannen. Man muss nicht länger auf der Hut sein, muss die Aufmerksamkeit nicht mehr ständig nach außen richten, um potenzielle Gefahrenquellen zu orten. Stattdessen kann man, bildlich gesprochen, »die Antennen einziehen« und wieder zu sich kommen. Der Stresspegel sinkt, der Kopf wird klarer, das Denken ruhiger oder pausiert sogar, es ist also ein Loslassen auf allen Ebenen.

Es ist Peter Levines großes Verdienst, uns mit seinem körperorientierten Ansatz Somatic Experiencing (SE) ein Werkzeug an die Hand gegeben zu haben, mit dem

wir uns bei Stress regulieren können. Das Schöne ist, dass wir dabei die Biologie auf unserer Seite haben.
Sich regulieren heißt, den eigenen inneren Stresspegel zu steuern. Ihr Körper ist dabei Ihr Kompass. Er zeigt Ihnen, wann der Stress zu viel wird. Sie wissen es einfach, weil Sie es spüren. Ihr Körper zeigt Ihnen auch, wann er sich wieder beruhigt. Letzteres ist anfangs nicht so leicht wahrzunehmen, dazu brauchen Sie ein bisschen Übung.

Damit Ihr Körper Ihr Kompass sein kann, benötigt er Ihre Aufmerksamkeit. Je mehr Sie mit Ihrem Körpergefühl in Verbindung sind, desto besser können Sie auf Ihren inneren Stresslevel einwirken. Es geht also darum, so oft wie möglich bei sich zu sein oder wieder zu sich zu kommen. Dieser Prozess hört nie auf und kann auch nie aufhören. So ist das Leben.

Sobald der Stress in Ihrem Körper zu groß wird, steuern Sie dagegen. Entweder …

- unspezifisch, indem Sie sich zum Beispiel durch das Orientieren im Raum und damit im Hier und Jetzt wieder stabilisieren. Oder …
- spezifisch zu einem Thema, indem Sie sich auf Ihre Ressourcen besinnen. Sobald Sie gedanklich bei einer Ressource sind, die etwas verändert, werden Sie es im Körper spüren. Etwas beginnt sich zu lösen. Diesem Gefühl spüren Sie ausgiebig nach und lassen es im Körper ankommen.

Jedes Mal, wenn Sie Ihren Stresspegel verringern, beeinflussen Sie damit auch Ihre Gedanken positiv. Je mehr Sie sich beruhigen, desto langsamer werden Ihre Gedanken. Das kann so befreiend sein! Ihre Wahrnehmung wird weit und Sie sehen Möglichkeiten, die vorher außerhalb Ihres Blickfeldes beziehungsweise Ihres Gedankenhorizontes waren. Zukunft tut sich auf, Perspektiven, Zuversicht. Jedes Mal, wenn Sie auf diese Weise zu einem Problem Ihre kraftvollen Ressourcen erkennen und spüren, schaffen Sie neue starke Nervenverbindungen und positive Denk- und Verhaltensmuster. Das ist Resilienz.

Bausteine der Selbstregulation

Alle Bausteine der Selbstregulation, die ich Ihnen bisher vorgestellt habe, hier noch einmal im Überblick:

- Basisübungen zur Stabilisierung: Für Sicherheit sorgen, einen ruhigen Platz finden, ankommen, sich erden, sich im Raum orientieren.
- Freundliche, nicht wertende Aufmerksamkeit für den Körper: Sich daran erinnern, eine offene, freundliche, neugierige Haltung zu den eigenen Körperempfindungen einzunehmen.
- Das Thema beziehungsweise das Problem benennen und kurz hineinspüren: Darauf achten, was das Thema im Körper auslöst. Nur kurz hineinspüren und besonders bei sehr belastenden Themen am Rand bleiben.
- Akzeptieren, dass es jetzt gerade dieses Problem gibt. Das klingt leicht und ist doch mitunter einer der schwersten Schritte in diesem Prozess.
- Einstufen des inneren Stresspegels auf der Stressskala von 0 bis 10: Bin ich noch im grünen Bereich bis 7 oder schon darüber, im roten Bereich?
- Das Modell der liegenden Acht als Grundlage: Während das Problem auf der Minus-Seite da ist, was gibt es gleichzeitig dazu auf der Plus-Seite für Ressourcen?
- Neugieriges, wertschätzendes Erforschen der eigenen Ressourcen: Diesem Teil besonders viel Zeit und Aufmerksamkeit widmen! Mit viel Offenheit und Neugier nach passenden Ressourcen schauen.
- Der Körper als Kompass: Bei einer passenden, kraftvollen Ressource beginnt das Nervensystem umzuschalten von »Gefahr« = Sympathikus hin zu »Gefahr vorbei« = Parasympathikus.
- Gespannt erleben, wie sich dieses Umschalten hin zu Entspannung im Körper anfühlt. Etwas beginnt sich zu lösen. Diesen Körperempfindungen mit voller Aufmerksamkeit nachspüren.
- Das dabei entstehende gute Gefühl langsam und bewusst im ganzen Körper ankommen lassen.
- Mit dem veränderten Körpergefühl nun das Thema erneut betrachten: Was hat sich verändert? Im Stresspegel von 0 bis 10? In der Sicht der Dinge?
- Eventuell weiter zwischen Problem (kurz) und Ressource (ausgiebig) hin- und herpendeln, bis sich spürbar etwas verändert.
- Einen abschließenden Satz dazu formulieren, knapp und kraftvoll, zum Beispiel einen Ich-Satz, der die positive Veränderung zum Ausdruck bringt.

Resilienz ist die Fähigkeit, sich von Stressenergie im Körper nicht überwältigen oder lähmen zu lassen, sondern zu lernen, sie im Körper zu lenken und auf diese Weise zurück in die eigene Kraft zu kommen – immer wieder.

DIE MINUS-SEITE: WIR BLEIBEN AM RAND

Solange wir im Minus stecken bleiben, im Unwohlsein, solange unsere Gedanken sich drehen oder wir gewohnheitsmäßig dissoziieren (uns also von unserem Erleben abkoppeln), bleibt alles beim Alten. Die automatisierten Muster wiederholen sich. Warum ist das so? Unser Körper ist mit einem Überlebenssystem ausgestattet, das aus der Steinzeit stammt. Unser Verstand gerät bei einem höheren Stresslevel in einen Automatikmodus und produziert die immer gleichen Gedanken in Schleife.

Deshalb bleiben wir auf der Minus-Seite stets am Rand.

Dabei ist eines ganz wichtig: Zum Minus hinschauen, ohne sich hineinziehen zu lassen oder darin stecken zu bleiben, kann man nur, wenn man ein starkes Plus im Rücken hat. Also braucht man eine Ressource, die trägt und die stark genug ist, im Körper ein gutes Gefühl von Sicherheit und Erleichterung entstehen zu lassen. Im Kapitel *Das Allerwichtigste: Ihre Ressourcen* ab Seite 59 habe ich ausführlich beschrieben, wann eine Ressource trägt. Manchmal bewirkt bereits das Akzeptieren der Minus-Seite – also ihr Vorhandensein hinzunehmen –, dass die Spannung nachlässt. Der innere Widerstand beginnt sich zu lösen.

Die Rolle der Aufmerksamkeit bei diesem Prozedere kann ich gar nicht oft und deutlich genug hervorheben. Während die Minus-Seite da ist, schauen wir: Was ist noch da auf der Plus-Seite? Wir setzen dem Minus etwas entgegen – und dafür brauchen wir die Fähigkeit, unsere Aufmerksamkeit selbst zu steuern. *Wir brauchen die Kontrolle über unsere Aufmerksamkeit, um resilient zu sein.*

Je höher die innere Ladung, desto vorsichtiger muss man damit umgehen. Wir erwarten nicht, dass wir von 8 oder 9 herunterfahren auf 1 oder 2 und tiefenentspannt im Sessel hängen. Wenn es gelingt, wieder auf 7 zu kommen oder noch ein bisschen tiefer, also wieder in den grünen Bereich, ist schon viel gewonnen: Das Großhirn ist wieder eingeschaltet, wir sind nicht mehr im Überlebensmodus und können wieder klar denken. Wow!

Vorsicht, Trauma! Am Rande des Vulkankraters

Es ist gefährlich, zu viel über Einzelheiten eines Traumas zu reden oder sogar in diese hineinzuspüren. Es geht einem dabei immer schlechter, das Trauma entwickelt einen Sog, irgendwann wird man regelrecht hineingezogen. Deshalb muss man in der SE-Arbeit wissen, wann man Klientinnen ermutigen darf, darüber zu reden oder gar hinzuspüren, und wann nicht. Stattdessen öffnen Fragen wie »Was hat Ihnen geholfen, diese schwere Zeit zu überstehen?« oder »Wenn der Mut Sie verlässt, wofür lohnt es sich, weiterzumachen?« die Tür zu den Ressourcen.

Das Prinzip dieses achtsamen Spürens gilt umso mehr bei der Art von Selbstregulation als Selbsthilfe, die ich Ihnen hier vorstelle: Vorsicht auf der Minus-Seite! Mit voller Kraft in die Plus-Seite!

Zum einen ist man sowieso schon die meiste Zeit auf der Minus-Seite. Die Gedanken kreisen um das Problem. Imaginäre Dialoge wiederholen sich die ganze Zeit. Dieses Programm läuft bereits auf Automatik. Wir brauchen es nicht noch anzuschieben.

Zum anderen muss man die Sogwirkung von Traumata beachten. Je tiefer man sich auf die Minus-Seite begibt, desto schwerer kommt man wieder heraus. Man braucht länger dafür und man braucht mehr Kraft, um die Aufmerksamkeit weg vom Negativen hin zum Positiven zu verschieben.

Wenn sich hinter einem Problem ein altes Trauma verbergen könnte, sollte man dem Epizentrum besser nicht zu nahekommen. Es ist wie bei einem Vulkan. Er brodelt. Auch wenn es reizt, näher heranzugehen, bleibt man besser am Rand. Dort ist man in Sicherheit.

Orientierung finden

Wenn es innen im Körper zu viel wird – Achtung, auch ein gutes Gefühl kann zu viel werden! –, orientieren wir uns im Raum nach außen.
Sobald Ihr innerer Stresspegel *beginnt,* sich unangenehm anzufühlen, lenken Sie sofort bewusst Ihre Aufmerksamkeit nach draußen und benennen Dinge, an denen Ihr Blick hängen bleibt. Das machen Sie so lange, bis Ihr Körper beginnt, sich wieder zu beruhigen. So haben Sie jederzeit die Kontrolle über Ihr Stressniveau – mit dem Körper als Kompass.

DIE PLUS-SEITE: DAS POSITIVE UMSCHALTEN IM KÖRPER BEMERKEN

Im letzten Kapitel, *Worauf es beim Spüren ankommt* (ab Seite 73), habe ich es bereits vorgestellt: Entscheidend ist, beim Spüren zu bemerken, wann im Körper Sicherheit und als Folge davon Erleichterung entsteht. Beide bewirken im Nervensystem ein Umschalten vom Sympathikus (= Gefahr, Vorsicht, ich muss auf der Hut sein) hin zum Parasympathikus (= Gefahr vorbei, Entspannung, etwas fällt von mir ab). Der Körper zeigt zum Beispiel mit einem Aufatmen, dass wir auf dem Weg Richtung Herunterfahren, Richtung Entspannung sind. Er zeigt uns, wenn festgehaltene Spannung sich zu lösen beginnt.

Dreh- und Angelpunkt der *gemeinsamen Arbeit* mit Somatic Experiencing (SE) ist es, bei Stress oder getriggertem Trauma – also auf der Minus-Seite – den Moment zu erkennen, in dem das Nervensystem umswitcht auf Loslassen, in dem sich die Tür zur Plus-Seite öffnet. In der Praxis begleite ich meine Klientinnen dabei oder mache sie darauf aufmerksam.

Dreh- und Angelpunkt der *Selbsthilfeübungen* auf der Basis von SE in diesem Buch ist, dass Sie selbst darauf achten, wann Sie sich so weit von der Problemseite zur Ressourcenseite bewegt haben, dass Ihr Körper mit einem positiven Umschalten darauf reagiert.

Meiner Erfahrung nach ist dieser Moment des Umschaltens in die Entspannung anfangs nicht so leicht wahrzunehmen. Wenn Sie Ihr Gespür für dieses positive Umswitchen noch verfeinern möchten, können Sie jederzeit die Übung *Entspannungszeichen erkennen* im Kapitel *Worauf es beim Spüren ankommt* (ab Seite 73). Natürlich ist ein bisschen Übung nötig. Manchmal ist der Spalt, durch den das Licht hineinkommt, sehr schmal, und trotzdem geht der Weg genau dort entlang.

Das Wohlgefühl im Körpergedächtnis verankern

Warum ist es so wichtig, das gute Gefühl hinsichtlich einer Ressource im Körper ankommen zu lassen? Weil es ein neuronales Muster bahnt, den damit verbundenen angenehmen Körperempfindungen ausgiebig nachzuspüren. Es entstehen neue Synapsen, neue Nervenverbindungen, die mit dem Erleben von Hoffnung, Zuversicht, Wohlbefinden, Gelassenheit, Durchhaltewillen, Selbstvertrauen und Entschlossenheit verbunden sind. Durch das intensive Erleben werden sie Teil des Körpergedächtnisses und können später wieder aufgerufen werden.

Entladung in Wellen

Manchmal entlädt der Körper Anspannung in Wellen. Man fährt herunter, entspannt, es fühlt sich wunderbar an – und plötzlich ist da wieder innere Aufregung. Diese kann zwei Ursachen haben. Entweder man ist gedanklich abgeschweift und hat der Minus-Seite wieder Nahrung gegeben. Darauf reagiert der Körper sofort, indem er hochfährt. Oder die Entladung erfolgt in Wellen. Das zweite Hochfahren gehört dann dazu. Man kann es gelassen erleben. Die zweite Welle ist kleiner als die erste. Und falls es eine dritte Welle gibt, ist sie noch kleiner. Wie die Wellen am Meer. Sie ebben ab.

Resilienz leben – die liegende Acht bewusst praktizieren

Resilienz leben heißt, sich immer wieder zu fragen: Wo bin ich gerade? Auf welcher Seite der liegenden Acht – auf der Problemseite oder auf der Ressourcenseite?

Wenn ich gerade auf der Ressourcenseite bin, kann ich das gute Gefühl dazu ausgiebig spüren, bis es im Körper ankommt.

Wenn ich gerade auf der Problemseite bin, kann ich das freundlich anerkennen und dann fragen: Während das Problem da ist, welche Ressourcen stehen mir zur Verfügung, bis ein gutes Gefühl entsteht? Dem kann ich dann weiter nachspüren.

Auf diese Weise kann man zu einem Thema auch mehrmals hin- und herpendeln: nicht zu tief ins Minus, gern tief ins Plus.

Experimentieren Sie so oft wie möglich damit. Sie werden immer besser erkennen, was Ihnen leichtfällt, und das noch weiter vertiefen. Jede erfolgreiche Erfahrung damit verstärkt Ihre Resilienz.

DIE FÜNF SCHRITTE DER SELBSTREGULATION

In diesem Buch kann ich Sie zwar nicht live begleiten, aber ich habe in meiner Praxis schon viele solcher Prozesse erlebt und weiß aus Erfahrung, dass der Körper nur darauf wartet, dass wir unsere Ressourcen aktivieren.

Wie sagt Peter Levine: »Denken Sie daran: Sie haben die Biologie auf Ihrer Seite.« Ihre Vorstellung genügt. Sie aktivieren Ihren Körper so, wie Sie es entscheiden. Sie können sich auf die Zitrone fokussieren oder auf Ihr Lieblingsgericht.

1. Sicherheit im Hier und Jetzt durch Erdung und Orientierung.
2. Das Problem sowie den Stresslevel benennen und kurz hinspüren.
3. Das passende Gegenstück suchen: eine Ressource, die trägt.
4. Dieser Ressource ausgiebig nachspüren und das Wohlgefühl im Körper ankommen lassen.
5. Was hat sich in Gedanken, Emotionen und vor allem im Körper verändert? Wie hoch ist der Stresslevel jetzt? Einen kraftvollen Satz dafür finden.

Sich regulieren mit dem Modell der liegenden Acht

Wenden Sie Ihre Aufmerksamkeit freundlich Ihrem Körper zu. Nehmen Sie wahr, wie Sie gerade sitzen und wo Sie geerdet sind, also wo Sie Halt spüren, von der Sitzfläche, der Rückenlehne, den Armlehnen und dem Boden.

Denken Sie nun an ein kleines Problem, zum Beispiel etwas Unangenehmes, das vor Ihnen liegt. Was beginnt sich dabei im Körper zu verändern? Wie hoch ist bei diesem Gedanken Ihr Stresspegel auf der Skala von 0 bis 10?

Sobald Sie spüren, dass es beginnt, sich irgendwo im Körper eng oder unangenehm anzufühlen, gehen Sie nicht weiter in diese Empfindung hinein. Sie bleiben am Rand. Wenn Sie merken, dass es Sie in das Unangenehme oder in das Thema hineinzieht, lenken Sie bewusst Ihre Aufmerksamkeit nach außen und sehen sich im Raum um, um sich wieder ganz im Hier und Jetzt zu orientieren.

Nun gehen Sie auf die Suche nach einer Ressource, die Ihr Körpergefühl positiv verändert. Das kann alles Mögliche sein: die Erinnerung, wie Sie schon einmal erfolgreich mit einem derartigen Problem umgegangen sind; das Wissen, dass Sie es bald hinter sich gebracht haben werden; die Sicherheit, dass Sie bestmöglich vorbereitet sind; die Klarheit, was Sie noch brauchen, um stark in die Situation zu gehen; die Vorstellung von dem angenehmen Gefühl, das Sie haben werden, wenn Sie es geschafft haben.

Sobald eine Ressource trägt, also stark genug ist, um in Ihrem Nervensystem ein positives Umschalten einzuleiten, beginnt sich etwas im Körper zu lösen. Diesen Entspannungszeichen spüren Sie nun mit Ihrer ganzen Aufmerksamkeit nach.

Wie genau fühlt sich das an? Wo im Körper nehmen Sie wahr, dass es entspannter oder angenehmer wird: im Brustraum? Im Bauch? In den Füßen? Oder im ganzen Körper? Welche Empfindung ist es: Wärme, Weite, ein angenehmes Fließen oder Strömen, ein Abfallen von Anspannung?

Bleiben Sie bei diesen angenehmen Körperempfindungen und erleben Sie, wie sie sich im Körper ausbreiten. Wenn Sie das Gefühl haben, es ist genug, hören Sie auf.

Fragen Sie sich zum Abschluss, was sich zu dem Thema für Sie positiv verändert hat. Wie hoch ist Ihr Stresspegel jetzt? Was erleben Sie jetzt anders? Können Sie einen Satz formulieren, am besten einen Ich-Satz, der kurz und knapp die positive Veränderung ausdrückt?

Sorgen und übermäßige Gedankenaktivität
Das Gedankenkarussell – sich wiederholende, automatisierte Gedankenschleifen – ist ein Zeichen für einen hohen inneren Stresspegel. Wenn Sie im roten Bereich sind, nehmen Sie die Welt durch den Filter »Gefahr« wahr.

Körper, Emotionen und Gedanken sind untrennbar miteinander verbunden. Ein hochgefahrenes Nervensystem lässt den Verstand auf Hochtouren laufen und führt zu übermäßiger Gedankenaktivität. Katastrophenfantasien halten Ängste und Sorgen am Laufen. Die dabei im Körper eintretende Enge und Anspannung lässt uns glauben, wir seien real in Gefahr, da das körpereigene Notsystem uns auf Kampf oder Flucht vorbereitet, um mit der (vermeintlichen) Gefahr umgehen zu können. Dann reagieren wir wiederum auf den angespannten Körper und sind noch mehr beunruhigt. Der körperliche Zustand wirkt auf die Emotionen ein und umgekehrt.

Der erste Schritt ist, alle diese Vorgänge zu *verstehen*. In meiner therapeutischen Arbeit ist Erklärung ein wichtiger Teil. Der Verstand will Futter, will verstehen. Ist das gewährleistet, fühlen wir uns den jeweiligen Vorgängen nicht mehr ausgeliefert.

Bei einem hohen inneren Stresslevel pulsiert viel Energie im Gehirn. Das automatisierte Denken ist höchst aktiv. Deshalb suchen wir jetzt gemäß dem Modell der liegenden Acht nach dem Gegenstück, das heißt nach der Ressource, die den Stresspegel senkt. Denn sobald Sie wieder in den grünen Bereich kommen, schaltet sich Ihr Großhirn wieder ein. Sie können wieder klar denken und – es kann Neues entstehen. Kreativität braucht Raum. Neue Ideen tauchen auf, wenn der Raum dafür da ist.

Resilienz ist die Fähigkeit, Katastrophenszenarien als das zu sehen, was sie sind: das Produkt eines unter hohem Stress überaktiven Gehirns. Sie verschwinden, sobald der Stresslevel in den grünen Bereich absinkt.

Wie entkomme ich dem Gedankenkarussell?

1. *Unspezifisch: Den Kanal wechseln von Denken zum Spüren, zu den Körperempfindungen, zum Beispiel sich erden, sich orientieren, sich leicht und spielerisch bewegen, Energie in die Füße bringen. Sich auf den Körper zu fokussieren hilft, die Gedankenschleifen zu durchbrechen.*
2. *Spezifisch: Sich mit den Gedanken auseinandersetzen und sie beeinflussen, zum Beispiel indem wir sie hinterfragen: Ist das jetzt absolut so? Der überwiegende Teil der Gedanken bei einem hohen inneren Stresspegel wiederholt sich immer wieder. Wir schieben sie freundlich beiseite und lenken die Aufmerksamkeit auf unsere Ressourcen, bis das positive Umschalten im Körper erfolgt.*

Sich regulieren mit dem Körper als Kompass heißt:

- so oft wie möglich mit seinem Körpergefühl in Verbindung zu sein und
- bei Stress gezielt die Aufmerksamkeit auf vorhandene Ressourcen zu lenken,
- eine tragende Ressource zu identifizieren, die ein Umswitchen im Körper hin zu Entspannung bewirkt,
- in diese Ressource mit allen Sinnen einzutauchen, sie zu *erleben* und zu *erfahren,*
- sich durch das Nachspüren dieser kraftvollen Ressource zu beruhigen und wieder in die eigene Kraft zu kommen.
- sich durch das Nachspüren dieser kraftvollen Ressource zu beruhigen und wieder in die eigene Kraft zu kommen.

Selbstregulation am Beispiel Entscheidungen

Entscheidungen müssen wir ständig treffen, kleinere und größere. Gehe ich nach links oder nach rechts, kaufe ich dieses oder jenes Gemüse, erledige ich jetzt diesen Anruf oder nicht, kann ich mir dieses oder jenes leisten, gönne ich mir das oder nicht ... Viele dieser Entscheidungen fällen wir automatisch, so wie wir eine Strecke mit dem Auto, die wir regelmäßig fahren, in einer Art Trance absolvieren oder beim Ausräumen der Spülmaschine nicht mehr überlegen, wohin eine Tasse gehört. Dieser Automatikmodus oder Funktionsmodus spart im Alltag viel Energie.

Daneben gibt es aber auch Entscheidungen, die wir nicht automatisch treffen, weil wir hin- und hergerissen sind. Wir pendeln zum Beispiel. zwischen »Ich muss«, »Ich sollte doch« und »Ich will aber nicht«, »Ich habe keine Lust«, zwischen Minus- und Plus-Seite. Da uns dieses Pendeln so vertraut ist, auch wenn es vielleicht bisher eher unbewusst abgelaufen ist, können wir daran die Selbstregulation üben.

Zum Beispiel bemerken wir auf der einen Seite Energieverlust, fühlen uns schwach oder haben Angst. Der innere Stresspegel ist hoch. Auf der anderen Seite erleben wir Erleichterung und spüren ihr ausgiebig nach. So pendeln wir zwischen beiden Seiten hin und her, bis sich allmählich Klarheit einstellt.

Der Entscheidungsprozess ist abgeschlossen, wenn ein gutes, klares Gefühl zu dem jeweiligen Thema da ist, und zwar spürbar im Körper. Wenn die Entscheidung gefallen ist, haben wir ein positives Gefühl im Körper, wir sind im besten Sinne »wie elektrisiert« oder denken ganz klar: »So mache ich es.«

Den inneren Stress zu einer anstehenden Entscheidung regulieren

Bitte nehmen Sie ein Blatt Papier und schreiben oben Ihr Thema auf. Welche Entscheidung müssen Sie unbedingt treffen, sind aber hin- und hergerissen? Es sollte ein eher kleines Thema sein. In dieser Übung erforschen Sie es. Es kann sein, dass Sie dabei bereits zu einem Ergebnis kommen oder dass Sie danach einen Schritt weiter sind in Ihrem Entscheidungsprozess.

Machen Sie es sich im Stuhl bequem, erden Sie sich bewusst, indem Sie die Sitzfläche, die Rückenlehne, die Armlehnen und den Boden unter den Füßen spüren. Auch wenn Sie lieber gleich weitergehen würden: Bitte nehmen Sie sich Zeit dafür. Je besser geerdet Sie sind, desto leichter wird Ihnen die Selbstregulierung fallen.

Orientieren Sie sich im Raum, um so gut wie möglich im Hier und Jetzt anzukommen. Sie schauen sich um, an welchen Dingen Sie gerade mit Ihrem Blick hängen bleiben, und benennen sie kurz mit »Ich sehe die Lampe«, »Ich sehe den Türgriff«, »Ich sehe das Bild«. Auch diese Vorübung empfehle ich Ihnen sehr. Sie ist einfach und gibt doch so viel Sicherheit.

Fragen Sie sich: Wie hoch ist mein Stresspegel jetzt gerade auf der Skala von 0 bis 10?

Wenden Sie sich nun Ihrem Thema zu. Was ist spontan zuerst da? Schreiben Sie es auf, auf der Minus- oder auf der Plus-Seite.

Erforschen Sie freundlich und wertschätzend, was dieser Gedanke in Ihnen auslöst, vor allem in Ihrem Körper. Achtung: Wenn er auf der Minus-Seite ist, bleiben Sie am Rand und spüren nur ganz kurz hin! Wenn es ein Gedanke auf der Plus-Seite ist, können Sie tiefer hineinspüren, welche wohltuenden Körperempfindungen dabei auftauchen.

Pendeln Sie auf diese Weise zu Ihrem Thema hin und her.

Zwischendurch fragen Sie sich: Wie hoch ist mein Stresspegel jetzt gerade auf der Skala von 0 bis 10?

Wenn Sie genau dieser Anleitung folgen – genauer gesagt, wenn Sie sich nicht in das Minus hineinziehen lassen, sondern stattdessen das Plus im Körper durch intensiveres Spüren verstärken –, wird sich dabei etwas verändern, und zwar in Richtung innere Klarheit und niedrigerer Stresspegel.

Hören Sie mit der Übung auf, wenn Sie auf der Plus-Seite sind oder wenn Ihre Entscheidung klar ist.

Abschließend fragen Sie sich: Wie stehe ich jetzt zu dem Thema? Was ist jetzt anders?

Ressourcen nachhaltig verankern

Manchmal kommen Klientinnen in eine Sitzung und sagen: »Heute bringe ich kein Problem mit. Mir geht es gut.«

»Wunderbar«, sage ich dann. »Lassen Sie uns das Gute in Ihrem Körper verankern.«

Wir schaffen damit neue Synapsen für gute Gefühle im Körper. Und das machen wir so: eine Ressource benennen, sie mit allen Sinnen erfahren, das gute Gefühl im Körper ankommen lassen, um unsere Zellen mit Glücksgefühlen zu fluten – und ganz nebenbei unser Immunsystem zu stärken.

Gute Gefühle im Körpergedächtnis zu verankern ist wie ein Bad für die Zellen!

Übung fürs Immunsystem: Die Zellen mit Glücksgefühlen fluten

Denken Sie an einen Moment, in dem Sie glücklich waren, oder an etwas, das Sie zurzeit glücklich macht, oder an etwas in der Zukunft, von dem Sie sich wünschen, dass es Sie glücklich macht.

Dann tauchen Sie in diese Vorstellung ein und erleben sie mit allen Sinnen: innere Bilder, Töne, Gefühle, Gerüche, Geschmack, Körperempfindungen, bis Sie spüren: So fühlt sich Glück in meinem Körper an.

Bleiben Sie in dieser ganzheitlichen Erfahrung und besonders in dem Glücksgefühl im Körper und spüren Sie ihm genüsslich nach. Tun Sie es in dem Bewusstsein, dass das wohlige Gefühl sich damit in Ihren Zellen ausbreitet und Sie so gleichzeitig Ihr Immunsystem stärken.

EMOTIONEN IM KÖRPER REGULIEREN

Mut ist nicht die Abwesenheit von Angst,
sondern die Fähigkeit,
im Beisein der Angst kreativ zu handeln.

Peter Levine

EMOTIONALE ENERGIE KANN MAN LENKEN

In diesem Kapitel geht es darum, wie wir Emotionen mithilfe des Körpers regulieren können. Denn ohne die Fähigkeit, uns immer wieder zu regulieren, sind wir unter hohem Stress unseren Emotionen ausgeliefert. Ich gehe dabei auf folgende emotionale Zustände ein:

- **Angst:** zum gesunden Maß zurückfinden
- **Wut:** die Wutenergie als Kraft fühlen
- **Depressive Verstimmungen:** aus dem Kollaps herauskommen
- **Einsamkeit:** die innere Leere füllen
- **Trauer:** zwischen den Polen pendeln

Allen Emotionen ist gemeinsam, dass sie im Körper großen Stress auslösen können. Sobald ihre Ladung ein bestimmtes Maß überschreitet, können wir sie nicht mehr halten und werden von ihr überflutet. Jeder dieser emotionalen Zustände hat jedoch auch Besonderheiten und deshalb müssen wir unterschiedlich damit umgehen.

Am Beispiel von Angst werde ich in diesem Kapitel ausführlich beschreiben, wie man Emotionen im Körper regulieren kann. Danach werde ich darauf eingehen, wie man das Modell der liegenden Acht auf den Umgang mit Wut, depressiven Verstimmungen, Einsamkeit und Trauer anwendet.

Die Anatomie der Emotionen ist universell

Wenn Sie an Ihren letzten Urlaub zurückdenken, woran erinnern Sie sich am ehesten? Wahrscheinlich an die schönsten und die schlimmsten Momente. Es sind die emotionalsten. Der Rest wird aussortiert. Das ist einerseits ein hocheffizientes Vorgehen des Gedächtnisses, andererseits lässt es erahnen, wie subjektiv unsere Wahrnehmung und Erinnerung ist. Sie wird eingefärbt durch die emotionale Brille, die wir gerade aufhaben.

Alle Emotionen haben einen körperlichen Ausdruck und sie steuern unser Handeln und Erleben mehr, als wir denken. Das ist leicht nachzuvollziehen. Wir können schon viel eher fühlen als denken. Bis ein Baby sprechen gelernt hat und bis ein Kind

»rational« denkt, sind schon viele Jahre vergangen – voller verschiedener Emotionen, die es körperlich *erlebt* hat! Diese Emotionen sind im Körpergedächtnis gespeichert und sie sind abrufbar insofern, als die neuronalen Muster jederzeit wieder reaktiviert werden können. So kann eine körperorientierte Therapie an Themen aus vorsprachlicher Zeit arbeiten.

Auf der Abbildung sehen Sie das Ergebnis einer finnischen Studie mit Teilnehmern aus unterschiedlichen Kulturkreisen. Sie zeigt, dass die Anatomie der Emotionen universell ist und wie die Energie im Körper je nach Emotion anders verteilt ist.

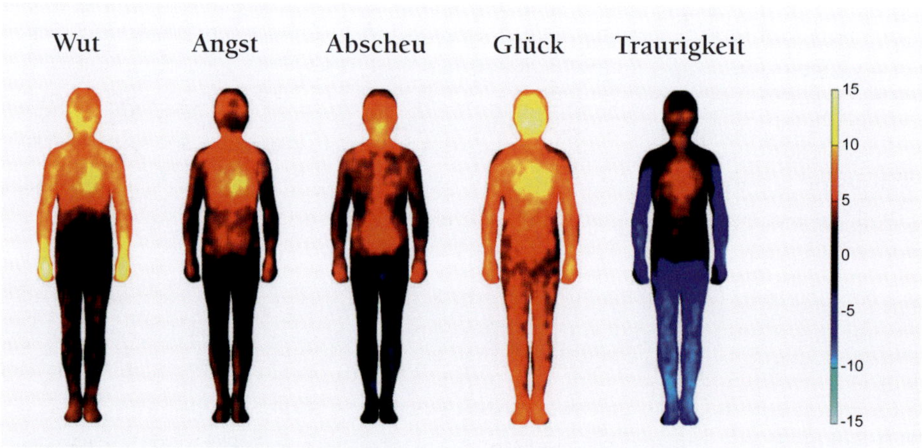

Wie ist meine Energie gerade im Körper verteilt?

Nehmen Sie sich ein bisschen Zeit, um Ihre emotionale Energie wahrzunehmen. Wie ist sie gerade verteilt?

- *Im ganzen Körper gleichmäßig,*
- *mehr in der unteren Körperhälfte,*
- *mehr in der oberen Körperhälfte,*
- *mehr im Bauch,*
- *mehr in den Füßen,*
- *mehr in den Händen,*
- *mehr in den Schultern –*
- *oder eine Kombination davon?*

Welcher Emotion auf der Abbildung sind Sie jetzt gerade am nächsten?

Große Unterschiede in der emotionalen Energie

Stellen Sie sich vor, Sie spielen Pantomimentheater und sollen verschiedene Emotionen dadurch zum Ausdruck bringen, dass Sie sich in diese hineinfühlen und eine entsprechende Körperhaltung einnehmen. Dabei können Sie ruhig übertreiben. Fühlen Sie, was Angst mit Ihrem Körper macht, anders als Wut, anders als Traurigkeit.

Wir sehen auf der Abbildung große Unterschiede in der emotionalen Energie im Körper: Bei Wut und Ärger geht sie in den Oberkörper, besonders in die Arme, sie macht bereit für Kampf oder Verteidigung. Bei Angst zieht sich die Energie zusammen und konzentriert sich im Brustraum, während Arme und Beine schwach werden. Da ist keine Handlungsenergie und gleichzeitig zu viel Aktivierung im Herzen. Panik kann sich wie Symptome eines Herzinfarkts anfühlen.

Bei Traurigkeit fließt wenig Energie durch den Körper, in der Depression wird der Körper komplett schlaff und energielos. Bei Liebe sehen wir ein Leuchten in Kopf, Rumpf und Armen – man möchte die Arme ausbreiten und einen geliebten Menschen zu sich heranziehen, ganz nah bei sich spüren. Die Krönung sehen wir bei Glück: Der ganze Körper ist durchströmt von Energie. Überall ist es warm, es fließt, Herz und Gehirn schwingen auf einer hohen Frequenz.

TOLERANZFENSTER

In Zeiten der Krise und zunehmender Angst reagieren viele Menschen schneller gereizt, wütend oder sogar gewaltbereit. Sie wissen nicht, wohin mit ihrer Ladung. Ihr Toleranzfenster, das heißt der Bereich, in dem sie ihre Emotionen kontrollieren und angemessen damit umgehen können, wird kleiner.

Emotionen sind mit einer Ladung oder Aktivierung verbunden und heftige Emotionen mit einer heftigen Ladung. Das ist biologisch begründet, denn bei Gefahr bereitet sich der Körper auf Kampf oder Flucht vor und mobilisiert enorme Energien dafür.

Wir können jedoch nur ein bestimmtes Maß an innerer Spannung, an Ladung gut ertragen. Zum Beispiel Wut: Jemand kann ein gewisses Maß an Wutenergie halten. Steigt der Pegel höher, flippt er aus oder kollabiert. Beim Ausflippen wird die überschüssige Energie, die er nicht länger halten kann, nach außen gerichtet, beim Kollabieren nach innen. Das Klischee ist: *Er* flippt aus und *sie* kollabiert. Tatsächlich neigen Jungen stärker dazu, ihre Aggressivität auszuleben, während Mädchen sie eher nach innen wenden und gegen sich selbst richten.

Selbstregulation vergrößert das Toleranzfenster

Mit zunehmendem innerem Stress und emotionaler Belastung wird das eigene Toleranzfenster kleiner, man wird schneller ungeduldig, vergreift sich im Ton. Aggressiv zu reagieren ist auch eine Art, sich zu »regulieren«, sich abzureagieren. Es dient der Angstabwehr und der Entladung, ist in dem Moment vielleicht gut für einen selbst, aber schlecht für die Beziehungen.

In dem Maße, in dem wir uns bei Stress selbst regulieren können, vergrößern wir auch unser Toleranzfenster. Wir können mehr *halten,* das heißt, ein höheres Maß an Angst, Wut oder Eifersucht in uns halten, ohne davon überwältigt zu werden, ohne die Emotion auszuleben, und wir können uns auch wieder beruhigen.

Wenn wir die Übungen in diesem Buch immer wieder machen, können wir unsere emotionale Energie jedes Mal besser lenken. Das ist angenehm für uns selbst und für unser Umfeld. Es lohnt sich also, sich in Selbstregulation zu üben.

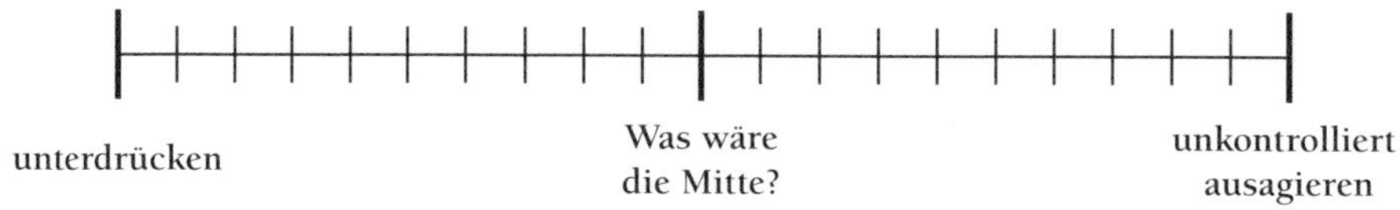

Die Intensität von Emotionen steuern

Wenn wir uns *nicht* erlauben, Emotionen zu fühlen, werden sie internalisiert, sie wenden sich nach innen und tragen zu Symptomen bei. Nur weil wir sie nicht erleben wollen oder können, löst sich ihre Energie nicht plötzlich in Luft auf. Die Energie muss irgendwo bleiben.

Bevor wir nun Emotionen im Körper regulieren, brauchen wir ein Handwerkszeug, mit dem wir die Intensität des Spürens steuern können. Genau wie Lernen dann Spaß macht, wenn eine Herausforderung da ist und auch groß ist, jedoch nicht überfordert, so ist es auch beim Regulieren von Emotionen im Körper: Die Aufgabe darf nicht überfordern, sie muss zu bewältigen sein.

Erinnern Sie sich an den letzten Absatz im Kapitel *Worauf es beim Spüren ankommt* (Seite 87)? Darin habe ich beschrieben, wie Sie jederzeit die Kontrolle über Ihren inneren Stresspegel behalten. Ich beschreibe es noch einmal, denn es kann gar nicht oft genug wiederholt werden.

Wenn es im Körper zu intensiv wird, orientieren Sie sich nach außen in den Raum. Wenn Sie wieder mehr fühlen möchten, spüren Sie erneut nach innen.

Nach innen spüren mit voller Aufmerksamkeit verstärkt und intensiviert das Erleben. Nach außen schauen mit voller Aufmerksamkeit unterbricht das Spüren und damit die Intensivierung der Körperempfindungen.

VORSICHT VOR ÜBERWÄLTIGUNG

Nun kommt noch ein wichtiger und grundlegender Punkt. Es geht bei der Selbstregulation immer um die richtige Balance, um das Pendeln zwischen Minus- und Plus-Seite, um das Ausschwingen hin zu einem Gleichgewicht.

Beim Erleben von Emotionen im Körper gibt es ein Kriterium, das Ihnen klar und deutlich zeigt, wann das Nachspüren gut für Sie ist und wann auf keinen Fall. Um das herauszufinden, können Sie sich die entscheidende Frage stellen: Wer ist jetzt gerade größer, die Emotion oder ich?

Das ist vielleicht eine ungewohnte Frage, aber ich habe in meiner Praxis noch nie erlebt, dass jemand sie nicht beantworten konnte. Sie werden die Antwort wissen.

Wenn eine Emotion größer ist als Sie, heißt das, dass Sie sie jetzt gerade nicht halten können und die Gefahr besteht, von ihr überwältigt zu werden. Das ist nicht Sinn und Zweck des Fühlens. Wenn Sie größer sind als die Emotion, heißt das, dass Sie sie jetzt in diesem Augenblick gut halten und die Energie dieser Emotion in Ihrem Körper regulieren können.

Der Körper als Kompass

Ganz praktisch folgt daraus: Wenn die Emotion größer ist als Sie, orientieren Sie sich nach außen in den Raum. Sobald Sie Ihre ganze Aufmerksamkeit nach außen richten, unterbrechen Sie damit das Spüren und das Erleben der Emotion.

Wenn Sie größer sind als die Emotion, können Sie sich vorstellen, dass Sie wie ein Gefäß sind, eine Vase, im Englischen »container«, in dem Sie die emotionale Energie halten, also da sein lassen.

Sie geben ihrem autonomen Nervensystem damit Zeit, diese Energie im Körper zu verteilen und zu integrieren. Allmählich erleben Sie, wie die Intensität der Emotion nachlässt, wie Sie ruhiger werden und in Ihr inneres Gleichgewicht zurückkehren.

Mithilfe des Körpers Emotionen regulieren

Damit meine ich: Emotionen regulieren, ohne zu dissoziieren – also ohne aus dem Körper herauszutreten und sich nicht mehr zu spüren, ohne sich durch Essen, Alkohol, exzessives Serienschauen oder andere stoffliche und nichtstoffliche Süchte zu betäuben, ohne die Emotionen blind auszuagieren, also auszuflippen und Gewalt anzuwenden, verbal oder nonverbal, gegen andere oder gegen sich selbst.

Das ist ein hoher Anspruch und wer jahrelang oder jahrzehntelang gewohnheitsmäßig seine Emotionen auf eine der oben beschriebenen Weisen »reguliert« hat, wird eventuell therapeutische Begleitung benötigen. Ein klares, kompetentes und wohlwollendes Gegenüber kann nötig sein, um einen neuen Weg einschlagen zu können.

Mithilfe des Körpers Emotionen zu regulieren, bedeutet, die emotionale Energie im Körper zu lenken. Dazu gehört, sie wahrzunehmen, zu spüren als Körperempfindungen, ihre Intensität einzuschätzen und dann die Aufmerksamkeit auf der Grundlage des Modells der liegenden Acht freundlich hin und her schwingen zu lassen, bis sich ein Gleichgewicht einstellt oder sogar ein tiefes Gefühl von innerem Frieden, Verbundenheit und Liebe.

Resilienz ist die Fähigkeit, sich immer wieder von einer niedrigen Schwingung (zum Beispiel Angst, Wut oder Ohnmacht) in ein inneres Gleichgewicht zu bewegen oder sich zu einer hohen Schwingung wie Liebe und Verbundenheit hochzubeamen und diese Energie ganz bewusst im Körper zu erleben.

ANGST – ZURÜCK ZUM GESUNDEN MASS

Bevor ich Ihnen ausführlich beschreibe, wie man Angst im Körper regulieren und zurück zu einem gesunden Maß bringen kann, zuvor noch ein paar Gedanken dazu. Eine Krise bringt Ängste hoch. Aktuelle, reale Ängste vermischen sich mit alter, im Körper gespeicherter Angst. Diese Mischung ist explosiv. Sie kann überfluten und überwältigen, sodass man sie abspalten, dissoziieren muss und auf Schmalspur weiterlebt. Sie kann umschlagen in Wut und da sie in diesem Fall mit einer extrem hohen Ladung verbunden ist, ist es keine kraftvolle Wut, sondern eine zerstörerische.

Angst kann auch dazu führen, dass man wie gelähmt ist und sich nicht wehren kann, nicht kämpfen kann, wo es angebracht wäre. Fragen Sie sich: Wie viel von meiner Angst ist aktuell und wie viel ist alt? Meistens weiß man das intuitiv. Wenn viel alte Angst da ist, getriggert durch aktuelle Ereignisse, kann dies eine Gelegenheit sein, das Thema nun anzugehen und zu heilen, eventuell mit therapeutischer Begleitung.

Angst ist biologisch sinnvoll, um uns zu schützen – temporär. Sie aktiviert alle Überlebensmechanismen und sorgt dafür, dass wir uns in Sicherheit bringen. Wir rennen vor dem Auto weg, das auf uns zurast, ohne nachzudenken. Wird Angst jedoch zum Dauerzustand und kann sich nicht lösen, weil Unsicherheiten bestehen bleiben oder immer neue dazukommen, geht man leicht in die Angststarre. Diese spürt man nicht, wenn sie vorhanden ist, sondern erst, wenn sie sich löst!

Solche Angst wird »normal«, Teil des gewohnten Körperempfindens. Aber sie ist nicht normal und von der Evolution auch nicht als permanenter Zustand gedacht. Angst im Übermaß lähmt, sie kann in den Kollaps und in die Depression führen.

Bitte überprüfen Sie selbst, ob Ihre Angst unterstützend und sinnvoll für Sie ist, weil sie Sie dazu bringt, sich vorzubereiten oder sich zu schützen, oder ob sie dieses Maß überschreitet und Ihnen schadet. Wer von Angst erfüllt oder wie gelähmt ist, lässt sich leichter beeinflussen oder manipulieren. Wenn Sie also frei sein und leben wollen, kommen Sie meiner Meinung nach nicht darum herum, sich mit Ihren Ängsten auseinanderzusetzen. Ich sage nicht, dass das leicht ist.

Die gute Nachricht: Angst kann man regulieren. Ich zeige Ihnen den Weg, mit dem ich in meiner Praxis arbeite – den SE-Weg der Selbstregulation über den Körper, um die Angst in einem Maß zu halten, in dem sie nicht lähmt oder überwältigt, sondern uns sinnvoll schützt.

Angst zuerst vom Thema entkoppeln

Wenn Sie Angst erleben, richtet sich diese meist auf etwas Bestimmtes: Angst vor …

Es gibt nun mehrere Möglichkeiten, damit umzugehen. Sie können die Angst auf der mentalen Ebene angehen, sich mit anderen Betroffenen zusammenschließen und austauschen, mehr Informationen einholen, praktische Lösungen ins Auge fassen und Schritt für Schritt umsetzen und vieles mehr. Doch das sagt sich manchmal leicht. Wenn die Angst Sie auf der Stressskala in den roten Bereich über 7 bringt, können Sie vielleicht keinen klaren Gedanken fassen.

Deshalb ist es eine Möglichkeit, *die Angst zuallererst vom Thema zu entkoppeln.* Schieben Sie freundlich, aber bestimmt Ihre Gedanken zu dem Thema beiseite – *parken* Sie sie. Später kommen Sie wieder auf das Thema zurück. Jetzt im Augenblick ist es erst einmal zweitrangig, *wovor* Sie Angst haben. Jetzt ist nur entscheidend, dass der Gedanke daran Sie in eine Art Ausnahmezustand versetzt. Das vorrangige Ziel ist jetzt, wieder aus dem inneren Hochstressmodus zurück in den grünen Bereich zu gelangen, damit Sie einen klaren Kopf bekommen und dann überlegen können, wie es weitergeht.

Als nächsten Schritt *akzeptieren Sie, dass Sie jetzt gerade Angst haben.*

Es gibt dabei einen wichtigen Aspekt: das Jetzt. Wenn Sie akzeptieren, dass Angst da ist, heißt das nicht, dass Sie resignieren und sagen: »Ich bin eben ein ängstlicher Mensch«, oder: »Ich war schon immer ein Angsthase und werde auch immer einer sein«. Nein, Sie sagen lediglich: »*Jetzt* habe ich Angst.« Ohne zu bewerten. Jetzt, in diesem Augenblick. Im nächsten Augenblick kann es schon wieder anders sein und morgen ist es noch einmal anders …

Angst macht eng und starr

Es klingt so leicht und ist doch so schwer: anzunehmen, was ist. Angst fühlt sich unangenehm an, macht den Körper eng und starr, das Denken ebenso. Niemand will sie haben. Meist meldet sich Widerstand nach dem Motto »Das will ich nicht fühlen, nicht spüren, nicht erleben«. Diese Reaktion ist ganz natürlich.

Bitte verurteilen Sie sich nicht für Ihre Angst. Sie ist da. In der einen oder anderen Form. In unserer ganzen Gesellschaft, offensichtlich oder verdeckt. Wenn wir sie verändern wollen, leugnen wir sie nicht, decken sie nicht zu, schieben sie nicht weg. Was machen wir stattdessen?

Wir erkennen ganz klar an, dass sie da ist. Denn wir wissen: Sie ist sowieso da, egal, ob wir wollen oder nicht. Also kämpfen wir nicht dagegen an.

Bevor wir uns nun dem Körper zuwenden, möchte ich Sie an das Modell der liegenden Acht erinnern. Auf der Minus-Seite bleiben wir am Rand! Das bedeutet konkret, *Sie spüren nur kurz hin,* wie sich die Angst jetzt gerade im Körper anfühlt. Das geschieht hauptsächlich, damit Sie nachher den Unterschied spüren.

Ein angstvoller Körper ist eng und starr. Die Muskeln, Faszien und Gefäße sind zusammengezogen. Vor allem der Oberkörper zieht sich zusammen, der Brustraum, die Schultern werden hochgezogen (ursprünglich um den verletzlichen Hals zu schützen), der Atem wird flach oder stockt. Vielleicht spannen sich auch die Beine in einem Fluchtimpuls an.

In einem solchen Körper können Sie keine kraftvolle Energie spüren. Es ist einfach kein Platz dafür da. Es ist zu eng darin. Sie werden bestenfalls Notfallenergie aktivieren und aus dem Überlebensinstinkt heraus reagieren, jedoch nicht aus einer kraftvollen Mitte heraus. Für diese brauchen Sie Raum im Körper.

Was habe ich dem entgegenzusetzen?

Angst braucht, um sich lösen zu können, das Erleben von *Sicherheit.* Im Körper. Jetzt. Die Vorstellung genügt.

Und während Angst da ist, auf der Minus-Seite, fragen Sie sich: *Was habe ich dem entgegenzusetzen?* Auf der Plus-Seite. Welche meiner Ressourcen hilft mir jetzt gerade? Was brauche ich in diesem Augenblick, um herauszukommen aus meinem Angsterleben – hin zu Mut, Zuversicht, Vertrauen, Kampfgeist, Liebe, was auch immer? Wann habe ich Mut oder Zuversicht schon einmal besonders stark erlebt? Wenn ich mich da hineinversetze, was beginnt sich in meinem Körper zu verändern? Wird es irgendwo im Körper ein kleines bisschen weiter? Wärmer? Offener? Vielleicht im Brustraum? Geht mein Herz ein wenig auf? Taue ich etwas auf aus der Starre?

Seien Sie freundlich mit sich. Es ist in Ordnung, dass es ein wenig braucht, bis Sie sich der passenden Ressource bewusst werden. Was würden Sie mit einer lieben Freundin machen, der es so geht wie Ihnen momentan? Würden Sie ihr gut zureden, sie in den Arm nehmen, trösten?

Oder brauchen Sie Bewegung, um aus der Starre herauszukommen? Leichte, spielerische Bewegung, kein Zumba. Sie können sich leicht dehnen und strecken, vorsichtig Hals und Nacken spielerisch bewegen, mit den Knien kreisen.

**Angst braucht, um sich lösen zu können,
das Erleben von Sicherheit. Im Körper. Jetzt.
Die Vorstellung genügt.**

Das Umschalten: Mehr Ruhe und Raum im Körper

Bitte bleiben Sie so lange auf der Suche nach einer Ressource, die trägt, bis Sie ein erstes positives Umschalten in Ihrem Körper wahrnehmen. Achten Sie auf das erste Anzeichen von Beruhigung im Körper, zum Beispiel ein unwillkürliches Aufatmen, ein Gähnen, ein Kribbeln in den Füßen, ein Gluckern im Bauch. Sagen Sie sich dann: Ah, das fühlt sich gut an, dabei bleibe ich jetzt mit meiner Aufmerksamkeit.

Wenn Angst und Anspannung nachlassen und Entspannung eintritt, wird es weiter im Körper. Es entsteht von innen mehr Weite, mehr Raum. Es fühlt sich angenehm an, da ist mehr Leichtigkeit. Die Gefäße werden weiter, die Muskeln und Faszien lockern sich. Dieser Raum kann sich nun mit neuer Energie füllen.

Zwischendurch taucht vielleicht wieder ein wenig Angst auf und es wird wieder etwas enger und kälter im Körper. Das ist ganz natürlich und signalisiert ein Pendeln zur anderen Seite. Erinnern Sie sich an die Entladung in Wellen? Wenn Sie genau hinspüren: Ist diese Welle jetzt kleiner als vorhin? Ist es eng, aber weniger eng als vorhin? In der Regel ist es so. Registrieren Sie es so neutral wie möglich und warten Sie, bis es sich von selbst beruhigt. Oder lenken Sie Ihre Aufmerksamkeit freundlich und bestimmt wieder zu Ihrer Ressource, bis Ihr Körper beginnt, sich zu entspannen und Sie weiter diesen Entspannungszeichen nachspüren können.

All das ist pure Biologie. Wenn Sie neutral weiter beobachten und erleben, ohne sich in Bewertungen oder negativen Gedanken zu verlieren, wird jeder Pendelschwung kleiner sein als der vorherige, bis es sich »ausgependelt« hat. Damit machen Sie weiter, bis Sie ein neues inneres Gleichgewicht gefunden haben. Eine Gelassenheit im Sinne von »Ja, es geht irgendwie weiter, ich weiß zwar gerade noch nicht, wie das genau aussehen wird, aber ich bin zuversichtlich. Ich vertraue. Es gibt immer einen Weg.«

Angst im Körper regulieren

Machen Sie es sich bequem, erden Sie sich gut und orientieren Sie sich im Raum. Welche Angst möchten Sie regulieren? Nehmen Sie für den Anfang ein kleines Thema, maximal 5 auf der Stressskala.

Was passiert in Ihrem Körper, wenn Sie an dieses Thema denken? Es genügt, wenn Sie kurz hinspüren, wie Ihr innerer Stresspegel steigt. Bleiben Sie am Rand der Minus-Seite, am Rand der Angst.

Nun entkoppeln Sie die Angst von Ihren Angstfantasien. Unter Stress arbeitet Ihr Gehirn schneller als sonst und produziert Katastrophenszenarien. Deshalb: Bitte nehmen Sie Ihre Gedanken jetzt nicht zu ernst. Schieben Sie sie freundlich beiseite. Sagen Sie zu sich selbst freundlich: »Stopp!«, und widmen Sie sich ganz der Regulierung Ihres Körpers.

Immer wenn es Ihnen bei dieser Übung im Körper zu intensiv wird, gehen Sie mit Ihrer Aufmerksamkeit nach draußen und orientieren sich im Raum: »Ich sehe …«

Haben Sie nun das Modell der liegenden Acht vor Augen. Auf der Minus-Seite ist die Angst. Sie bleiben am Rand und während sie da ist, stellen Sie sich die Frage: Was habe ich dem entgegenzusetzen, jetzt?

Nun suchen Sie so lange nach Ressourcen auf der Plus-Seite, bis Sie eine Ressource gefunden haben, die trägt, und Sie ein Umschalten im Körper in Richtung Entspannung bemerken – den »Riss in allem«, durch den das Licht hereinscheint. Sie werden es merken. Der Körper schaltet um, fängt an, sich zu beruhigen.

Wie merken Sie gerade, dass Sie beginnen, etwas ruhiger zu werden? Verändert sich Ihr Atem oder Ihre Körperhaltung? Lassen irgendwelche Muskeln in Ihrem Körper Anspannung los? Wird es irgendwo ein bisschen warm? Sitzen Sie etwas fester im Stuhl?

Bleiben Sie bei diesen angenehmen Körperempfindungen und geben Sie Ihrem Körper Zeit, sich weiter zu beruhigen.

Erst wenn Sie spürbar ruhiger geworden sind, lenken Sie Ihre Aufmerksamkeit wieder zu der belastenden Emotion. Was ist jetzt anders? Ist sie ein bisschen weniger intensiv als vorher? Woran merken Sie das? Ist Ihr Kopf zum Beispiel ein wenig freier als vorhin?

Dann können Sie dem Ihre ganze Aufmerksamkeit widmen und es damit verstärken.

Sollten Sie zwischendurch wieder hochfahren, prüfen Sie, ob es Sie wieder auf die Minus-Seite gezogen hat. Kehren Sie dann freundlich zur Plus-Seite zurück. Das kann durch Erden sein, durch Orientieren im Raum oder dadurch, sich bewusst wieder der Ressource zuzuwenden. Mit voller Aufmerksamkeit. Bis Sie ruhiger werden.

Pendeln Sie nun in Ihrem Rhythmus einige Male hin und her. Sie haben jetzt die Erfahrung gemacht, dass eine starke Emotion eine Welle von Energie ist, die ansteigt und nach einer Weile wieder abebbt. Beim Hin- und Herpendeln werden Sie feststellen, dass die Wellen jedes Mal kleiner werden und irgendwann ganz auslaufen, wie die Wellen am Meeresstrand.

Fragen Sie sich am Ende der Übung, was sich zu dem Thema verändert hat. Wenn Ihr Körper ruhiger geworden ist, wie haben sich Ihre Gedanken verändert? Registrieren Sie jede positive Veränderung.

Je öfter Sie auf diese Weise mit Ihrer Angst umgehen, desto weniger sind Sie ihr ausgeliefert. Sie machen die Erfahrung, dass Emotionen Energie sind, die im Körper aktiv wird, und dass Sie diese Energie lenken können. Im Laufe der Zeit werden Sie ein immer besseres Gespür dafür entwickeln, welche Dosis an emotionaler Ladung für Sie gut handhabbar ist und in welchem Rhythmus Sie zwischen den beiden Polen pendeln und die Welle abebben lassen können.

Eine starke Emotion ist eine Welle von Energie,
die ansteigt und auch wieder abebbt.
Emotionen sind Energie,
die im Körper aktiv wird und die Sie lenken können.

WUT – WOHIN DAMIT?

Wut spürt man vor allem im Oberkörper. Sie macht kampfbereit. Wenn ihre Ladung droht, überwältigend zu werden, ist die Antwort auf die Frage »Wohin mit meiner Wut?« ganz einfach: in den *ganzen* Körper.

Bei Wut besteht die Gefahr, sie entweder zu unterdrücken – dazu zählen auch alle Arten von Betäubung mit Suchtmitteln – oder sie unkontrolliert auszuagieren. Doch es gibt noch vieles dazwischen und es gibt sogar eine positive Kraft in der Wut, die wir nutzen können, zum Beispiel um uns zu wehren, um zu kämpfen, um Grenzen zu setzen oder ganz einfach um in unserem Körper gut präsent zu sein.

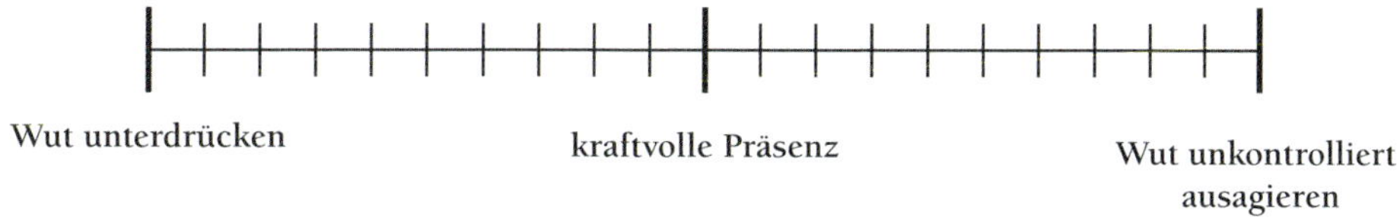

Die Kraft in der Wut spüren

Schieben Sie alle Gedanken an das Objekt Ihrer Wut freundlich und bestimmt beiseite.

Wo im Körper spüren Sie die Energie Ihrer Wut? Meist schießt sie nach oben in den Körper, in die Arme – macht bereit für Kampf oder Verteidigung –, in den Kopf, in den Kiefer, und sorgt für einen kampflustigen, entschlossenen Gesichtsausdruck. Wie nehmen Sie Ihre Wutenergie jetzt gerade wahr?

Fragen Sie sich: Wer ist jetzt gerade größer, die Wut oder ich? Wenn die Wutenergie größer ist als Sie und droht, Sie zu überwältigen, lenken Sie Ihre Aufmerksamkeit nach draußen und orientieren sich im Raum, bis die Intensität nachlässt.

Wenn Sie größer sind, können Sie sich vorstellen: Ich lade diese Energie ein, sich in meinem ganzen Körper bis in die Fingerspitzen und bis in die Zehen auszubreiten. Es ist genug von dieser Energie da, um meinen ganzen Körper auszufüllen.

Erlauben Sie sich, die Kraft in dieser Energie zu spüren, es ist pure Lebenskraft.

Wenn Ihre Gedanken zu dem Objekt Ihrer Wut pendeln und eine neue Welle von Wutenergie in Ihrem Körper hochschießt – mit großer Sicherheit kleiner als die erste, es sei denn, sie wird durch neue Gedanken verstärkt –, registrieren Sie das und durchlaufen den Prozess von Neuem: Wer ist größer?

Machen Sie weiter damit, bis Sie in Ihrem Körper eine gleichmäßige, kraftvolle Energie spüren. Erst dann wenden Sie sich wieder Ihrem Thema zu und registrieren, was sich verändert hat.

DEPRESSIVE VERSTIMMUNGEN – RAUS AUS DEM KOLLAPS

Meiner Erfahrung nach sind depressive Verstimmungen – Achtung, das sind noch keine Depressionen! – eine Tendenz dazu, sich auf der Skala von 0 bis 10 weit oben im roten Bereich aufzuhalten und bei zusätzlichem Stress in die Erstarrung und den Kollaps zu gehen. Kollabieren bedeutet hier nicht, körperlich zusammenzubrechen. Es ist mehr ein inneres Kollabieren, ein tiefes Resignieren, ein Aufgeben, so wie sich die Maus im Maul der Katze ihrem Schicksal unterwirft.

Dieses neuronale Muster wurde möglicherweise früh erlernt und später häufig wiederholt. Manche Menschen neigen dazu, im *Fluchtmodus* hängen zu bleiben. Sie vermeiden, blenden aus, wollen nicht wahrhaben, was ist. Andere hängen bei hohem Stress in der Schleife des *Kampfmodus* fest: Wenn sie getriggert werden, streiten sie sich und kämpfen auch um Kleinigkeiten, als ginge es um ihr Leben. Wieder andere kippen immer wieder in den *Kollaps,* in die Resignation.

Doch man kann ein solches Überlebensmuster auch wieder ent-lernen und neue Muster im Nervensystem etablieren. Darum geht es hier nicht um Depression. In einer tiefen Depression ist man bereits im Sog des Traumas, Geist und Körper sind wie abgekoppelt. Man muss lernen, früher gegenzusteuern, bereits bei der Neigung zu depressiven Verstimmungen.

Bitte verurteilen Sie sich nicht. In schweren, stressigen Zeiten, wenn das innere Erregungsniveau immer wieder in den roten Bereich steigt, kann es auch bei sonst lebensbejahenden Menschen vorkommen, dass sie den Lebensmut verlieren und in den inneren Kollaps kippen.

Unterschätzt: Der innere Kollaps

Was ist eine depressive Verstimmung oder eine Depression aus Sicht der natürlichen biologischen Stressreaktion? Ein *Kollaps,* ein innerer und äußerer Shutdown.

Schauen wir uns genauer an, was dabei passiert. Zunächst ist da die ganz natürliche Stressreaktion im Körper als Vorbereitung auf Flucht oder Kampf. Der Körper steht unter Strom, die Muskeln sind bereit für Aktion. Sind Flucht und/oder Kampf nicht möglich oder erfolglos oder kann man sich nicht entscheiden zwischen beiden, folgt der nächste Schritt: die Erstarrung. Man hält die Luft an und wird starr. Kommt jetzt noch weiterer Stress dazu, folgt die nächste Stufe der natürlichen Stressreaktion im Körper: der Kollaps.

Es ist ein *Kollaps auf drei Ebenen:* im Körper, in den Gedanken und in den Emotionen. Er findet parallel auf diesen drei Ebenen statt und sie beeinflussen sich gegenseitig.

- **Im Körper:** Die Muskeln erschlaffen, die Energie verschwindet. Man hat kein Körpergefühl mehr, nur noch ein Gefühl von Schwäche. Biologisch ist dies die Vorbereitung auf das Sterben.
- **In den Emotionen:** Das emotionale Spektrum ist reduziert auf Gefühle von Hilflosigkeit, Ohnmacht, Verzweiflung. Diese Gefühle überfluten einen bereits in der Erstarrung. Im Kollaps werden sie dumpf und das Fühlen wird immer mehr abgeschaltet.
- **In den Gedanken:** In dieser extremen Stressreaktion werden Körperwahrnehmung und Emotionen abgeschaltet, aber leider nicht das Denken. Im Gegenteil. Das Gehirn läuft auf Hochtouren. Der hohe Stresspegel im Körper lässt das Gehirn hochaktiv Gedanken produzieren und es sind zu 90 Prozent immer dieselben, zum Beispiel »Es hat ja doch keinen Sinn«, »Es geht immer so weiter«. Es sind Gedanken von Sinnlosigkeit, Hoffnungslosigkeit und Lebensmüdigkeit. Das Gehirn malt Katastrophenszenarien aus und produziert Gedanken wie »Niemand liebt mich«, »Ich schaffe es sowieso nicht«, *»Ich kann nicht«.*

Dabei kommt es zu folgender Wechselwirkung: Man hält die automatisch produzierten Gedanken für wahr und reagiert auf sie mit noch größerer Verzweiflung und einem noch intensiveren Schwächegefühl im Körper. Man schlussfolgert aus dem Gefühl von Ohnmacht, wie aussichtslos die Situation tatsächlich ist. Man reagiert auf die Energielosigkeit im Körper mit noch mehr negativen Gedanken und Emotionen – und steckt in einem Teufelskreis.

Und nun die gute Nachricht! Da es sich um eine natürliche biologische Stresskurve handelt, auf der sich nacheinander die Stationen Flucht- und Kampfbereitschaft, Erstarrung und schließlich Kollaps abspielen, kann man lernen …

- zu erkennen und vor allem zu spüren, wo auf der Kurve man sich gerade befindet, und
- sich auf der Kurve wieder rückwärts zu bewegen in Richtung Lebendigkeit, Kraft und schließlich Entspannung.

Wie macht man das? Über den Körper. Im Kollaps ist die Körperwahrnehmung eingeschränkt. Wenn man nun mit dem Modell der liegenden Acht seine Ressourcen wieder in den Blick nimmt und sie ganz langsam im Körper ankommen lässt, kann man aus dem Kollaps auftauchen. Es fühlt sich dann zum Beispiel an wie »wieder lebendig zu werden«.

Allerdings: Je tiefer man im Kollaps ist, desto schwieriger ist es, auch wieder herauszukommen. Und umso wichtiger ist es, dass man ein unterstützendes Gegenüber als Ressource hat.

Was wäre das Gegenstück?
Kennen Sie das? Es gibt etwas, das Sie beschäftigt und für das Sie aktiv werden müssten – in irgendeiner Form –, aber es geht einfach nicht. Sie erleben völlige Antriebslosigkeit, Unfähigkeit zu handeln. Im Körper fühlt sich das so an, als ob jeglicher Impuls, in die Gänge zu kommen, erloschen ist. Das muss nicht vollständig sein wie bei einer schweren Depression. Sie können Ihren Alltag bewältigen, Ihre Arbeit erledigen, für Ihre Familie da sein, gleichzeitig sind Sie in diesem einen Bereich innerlich kollabiert, vollkommen energielos – und darunter liegt Höchststress.

Peter Levine arbeitete mit einem Klienten, der als Kind im KZ war. Obwohl er das Lager überlebte, hat sich diese Erfahrung tief in sein Körpergedächtnis eingebrannt, als Kollaps.

Peter fragte ihn: »Was wäre das Gegenstück zu dem, was Sie gerade erleben?« Der Klient überlegte eine Weile, dann sagte er: »Ein kleiner Vogel, der frei ist und überallhin fliegen kann«, und er machte eine Geste, wie es wäre, einen kleinen Vogel in der Hand zu halten, so wie man etwas ganz Wertvolles beschützt.

In diesem Augenblick begann sich etwas in ihm zu lösen. Peter begleitete ihn durch den ganzen lösenden Prozess. Danach war etwas vorher Unvollendetes – der Impuls, in die Freiheit aufzubrechen – in ihm zum Abschluss gekommen.

Zurück in den Körper

Wenn Sie innerlich kollabiert sind, seien Sie ganz freundlich mit sich. Beachten Sie, dass in diesem Zustand das Großhirn weitgehend abgeschaltet ist, denn für den Organismus geht es gerade vorrangig ums Überleben. Argumente können also nur schwer zu Ihnen durchdringen. Es ist nicht der Zeitpunkt für rationales Denken.

Sie können jedoch, im Sinne der liegenden Acht, Ihre Aufmerksamkeit hin zu Ihren Ressourcen lenken und ausprobieren, was Ihnen hilft:

- *Zusammengesunkene Körperhaltung: Sich ganz langsam aufrichten und dabei wahrnehmen, was sich ein bisschen beginnt zu verändern.*
- *Flacher, stockender Atem: Bewusst den Atem fließen lassen. Lang ausatmen, dann warten, bis das Einatmen von selbst geschieht, und sich dabei wahrnehmen.*
- *Enge im Körper: Sich vorsichtig dehnen und strecken, leicht und spielerisch, und dabei wahrnehmen, wo es beginnt, etwas weiter zu werden.*
- *Starre: Langsam in die Bewegung kommen mit kleinen, leichten, spielerischen Bewegungen von Fingern, Füßen, Knien, Hals und Nacken und dabei kleine Veränderungen bemerken.*
- *Schwächegefühl: Mehr Energie im Körper stellt sich allmählich ein, wenn Sie mit den obigen Übungen mehr Raum im Körper schaffen und die Veränderung wahrnehmen.*
- *Wenn Sie dissoziiert sind und Ihren Körper nicht mehr spüren, können Sie aus den folgenden Möglichkeiten auswählen, was Ihnen hilft:*
- *Die oben genannten Übungen machen und wahrnehmen, wie allmählich das Körpergefühl zurückkehrt, als Kribbeln, Fließen, Wärme, Zucken …*
- *Sich erden, im Raum orientieren, die Energie in die Füße bringen und spüren, was das bewirkt.*
- *Das Modell der liegenden Acht vor Augen haben und auf der Suche nach Ressourcen auf allerkleinste positive Veränderungen achten, auf den Riss, durch den das Licht hereinkommt!*
- *Mit voller Aufmerksamkeit darauf fokussieren, wo es im Körper beginnt, ein bisschen lebendiger zu werden.*
- *Kontakt suchen: Wen kann ich um Rat fragen? Wer könnte mir jetzt helfen? Wer könnte jetzt für mich da sein?*

- *Wut nutzen: Häufig gehen Kollaps und Dissoziation einher mit Wut, die nicht ausgedrückt werden durfte oder die nicht eingesetzt werden konnte, um sich zu verteidigen, zu kämpfen, eine Grenze zu setzen. Fragen Sie sich: Worüber bin ich wütend? Kann ich diese Wut – vielleicht auch nur ein bisschen – zulassen und spüren? Kommt dabei irgendwo Kraft in den Körper zurück? Wird es leichter?*
- *Akzeptieren, wie es ist: Wenn jetzt gerade keine Aktion möglich ist, hilft es manchmal, die Situation zu akzeptieren. Anzunehmen, was jetzt gerade ist. Nur jetzt. Das bedeutet nicht, dass Sie auf längere Sicht nicht etwas an der Gesamtsituation verändern können und werden. Mit Akzeptanz meine ich: jetzt in diesem Moment aufhören, dagegen anzukämpfen. Jetzt gerade ist es, wie es ist. Das klingt einfach, ist es aber nicht. Doch wenn es Ihnen gelingt, kann es sehr entlastend sein. Sie spüren es daran, dass Ihr Körper beginnt herunterzufahren.*

Beim inneren Kollabieren geht das Herz zu. Ein gebrochenes Herz – nicht nur aus Liebeskummer – befindet sich im Kollaps, im Shutdown. Dieser Zustand ist in der Medizin bekannt als Broken-Heart-Syndrom, eine Herzschwäche mit Symptomen eines Herzinfarkts, der jedoch keiner ist. Wie kann das Herz nun wieder aufgehen? Dazu diese Übung:

Das Herz wieder öffnen

Wem können sie eine Freude machen – und womit?

Denken Sie an einen Menschen, der Ihnen wichtig ist und dem Sie eine Freude machen möchten. Worüber würde er oder sie sich freuen? Es muss nichts Großes sein. Es kann eine selbst gebastelte Karte sein, mit einem Spruch, der Mut macht, oder einem Zeichen der Zuneigung. Wichtiger ist, dass Sie das Geschenk gern machen – dass Sie von Herzen geben.

Was fällt Ihnen ein? Wenn Sie auf Anhieb keine Idee haben, können Sie die Frage mitnehmen und unterschwellig in sich weiterwirken lassen. Irgendwann, wenn Sie gar nicht mehr daran denken, wird Ihnen etwas einfallen.

Nun nehmen Sie sich ein wenig Zeit, um sich auszumalen, wie Sie dieses Geschenk überreichen. Was macht diese Vorstellung mit Ihnen? Wenn sie Freude hervorruft, kann es sein, dass Sie ein wenig mehr Weite in der Herzgegend wahrnehmen. Dann spüren Sie nach, wie bei dem Gedanken, jemandem eine Freude zu machen, Ihr Herz aufgeht.

EINSAMKEIT – DIE INNERE LEERE FÜLLEN

Beim Thema Stressregulation wenden sich Selbsthilferatgeber meist an Menschen mit übervollem Terminkalender mit Tipps wie »Nehmen Sie sich einmal am Tag 10 Minuten Zeit für sich, setzen Sie sich hin, atmen Sie tief durch …«. Doch was ist mit den vielen Menschen, die am Morgen vor einem langen, leeren Tag stehen, weil sie allein leben, ihre Kollegen nur noch online sehen und auch sonst weniger Kontakt haben, als sie wollen? Die ihre Arbeit verloren haben, krank sind oder sich von einer Operation erholen, die einen lieben Menschen verloren haben, die im Seniorenheim leben und aus vielen Gründen mehr allein sind und sich manchmal einsam fühlen? Für sie geht es darum, die innere Leere zu füllen.

Einsamkeit ist ein zutiefst menschliches Erleben. Es ist nur zum Teil abhängig von äußeren Umständen. Man kann sich auch in Gesellschaft oder in einer Ehe einsam fühlen. Es ist das Gefühl, nicht mehr mit den anderen Menschen verbunden zu sein. Gedanken wie »Keiner liebt mich«, »Ich werde nie jemanden finden« kreisen durch den Kopf und verstärken das Gefühl von tiefer Isolation.

Bei frühem Trauma – also einem Bindungstrauma oder Entwicklungstrauma – fühlt sich Einsamkeit manchmal an wie ein brennender Schmerz, als sei man »mutterseelenallein«, buchstäblich von aller Welt verlassen. Wie kommt man aus diesem schmerzhaften Zustand heraus?

Die innere Leere füllen

Nehmen Sie ein Blatt Papier und malen Sie eine liegende Acht. Auf der linken Seite ist das Minus, in diesem Fall das Erleben von Einsamkeit. Auf die rechte Seite kommen Ihre Ressourcen, das, womit Sie Ihrem Gefühl von Einsamkeit entgegenwirken können. Hier einige Vorschläge:

- *Durch das **Gefühl von Verbundenheit.***
  Da bei Einsamkeit das Gefühl von Verbundensein fehlt, kann die fehlende Ressource alles sein, was das fehlende Gefühl ansatzweise wieder hervorruft: Gedanken, Gefühle oder innere Bilder von Verbundenheit aus Ihrer Erinnerung oder in Ihrer Vorstellung.
  Fragen Sie sich: Mit wem oder was fühle ich mich verbunden oder habe ich mich jemals verbunden gefühlt? Das kann ein Mensch sein, ein Tier, ein Ort, ein Buch und vieles mehr. Machen Sie es in Ihrer Vorstellung so konkret wie möglich und spüren Sie jeder kleinen positiven Veränderung im Körper nach.
- *Durch **Zugehörigkeit.***
  Fragen Sie sich: Wem fühle ich mich zugehörig oder habe ich mich jemals zugehörig gefühlt? Das kann eine Gruppe sein, mit der Sie wandern, Sport machen, eine Hausgemeinschaft, eine Familie, eine Stadt. Es kann auch eine Gruppe sein, die ähnlich denkt wie Sie, die eine Vision verfolgt oder ein gemeinsames Ziel, zum Beispiel eine Selbsthilfegruppe, eine politische Partei, eine Kirchengemeinde.
  Machen Sie auch dies in Ihrer Vorstellung so konkret wie möglich und spüren Sie jeder kleinen positiven Veränderung im Körper nach. Füllen Sie Ihre innere Leere nach und nach mit guten Gefühlen an.

TRAUER – PENDELN ZWISCHEN DEN POLEN

Jede von uns kennt Trauer. Jeder hat schon einmal einen nahestehenden Menschen oder ein Tier verloren. Trauer kann überwältigen. Wenn der Tod überraschend kam, zum Beispiel durch einen Unfall, kann es sein, dass man in einer Schockstarre hängen bleibt. Es ist zu viel, man kann es nicht verarbeiten.

Wenn Sie gerade mit unbewältigter Trauer zu kämpfen haben, kann Ihnen das Modell der liegenden Acht sehr helfen. Vielleicht ist dies in Eigenregie möglich, vielleicht ist Ihr Schmerz jedoch so groß, dass Sie zusätzliche Unterstützung von einer Trauerbegleiterin oder in einer Trauergruppe brauchen.

Wie kann das Pendeln zwischen Schmerz und Ressourcen helfen zu trauern? Da im Trauerprozess so viele ambivalente Gefühle vorhanden sind, möchte ich Sie einladen, zwischen den beiden Seiten hin- und herzuschwingen und, wenn möglich, Ihren Körper mit einzubeziehen.

Zum Beispiel durch gemeinsames Sich-Erinnern. Den Schmerz teilen. »Weißt du noch? Damals, als …« Man erzählt sich Begebenheiten, die schöne Erinnerungen wecken. Kurz leuchtet die Freude über das Erlebte auf, vielleicht kommt gleich darauf Traurigkeit. Auf ganz natürliche Weise pendelt man zwischen Schmerz, Verbundensein und Dankbarkeit hin und her. Die Gemeinsamkeit mit anderen Trauernden schafft ein Gefühl der Verbundenheit, eine Ressource.

Manche Trauerratgeber empfehlen, den verstorbenen Menschen »loszulassen«. Doch ich bin da anderer Meinung: Ganz im Gegenteil ist es wichtig, gemeinsam Erlebtes und Bewältigtes in den Mittelpunkt zu stellen und das Gefühl der Verbundenheit zu fühlen und zu spüren. Es ist so wichtig, das Einmalige, das nur dieser Mensch hatte, zu würdigen und dankbar zu sein, dass man mit ihm oder ihr ein Stück Leben gemeinsam erleben durfte.

In einem guten Trauerprozess – der so lange dauern darf, wie er eben dauert –, verschiebt sich das Gleichgewicht von anfangs überwältigendem Schmerz, Wut, Bitterkeit hin zu Dankbarkeit, Liebe und tiefer Verbundenheit, die bleibt und Kraft gibt für das weitere Leben, unterbrochen von heftigem oder stillem Schmerz, der wie eine Welle kommt und geht. Mit dem Pendeln zwischen diesen Polen ist es möglich, Trauer zu ertragen, zu tragen und mit neuen Ressourcen weiterzuleben.

Der Trauerprozess

Malen Sie eine liegende Acht auf ein Blatt Papier. Auf der linken Seite ist das Minus, in diesem Fall das Erleben von Schmerz, Verlassenheit, Verzweiflung und vieles mehr. Auf die rechte Seite kommen Ihre Ressourcen, das, was neben Ihrer Trauer auch da ist – anfangs vielleicht noch nicht, aber im Laufe des Trauerprozesses mehr und mehr.

Seien Sie so mitfühlend, liebevoll und verständnisvoll mit sich selbst, wie es Ihnen möglich ist. Es ist nicht leicht, Ihre Trauer auszuhalten. Dann, wenn Sie möchten, können Sie Ihre Aufmerksamkeit auf Ihre Ressourcen lenken. Hier einige Anregungen dazu:

- *Was hilft mir jetzt gerade, damit es mir besser geht?*
- *Wer trauert mit mir? Mit wem kann ich meine Erinnerungen teilen?*
- *Was hilft mir, den Verlust anzunehmen?*
- *Wofür bin ich dankbar? Was kann mir niemand nehmen?*
- *Wie kann ich meiner Liebe Ausdruck verleihen?*
- *Wie kann ich das Gedenken lebendig halten?*
- *Was gibt mir Zuversicht und Kraft zum Weiterleben?*

Vielleicht hilft Ihnen die Vorstellung, dass Ihr Trauerprozess ein natürliches und intensives Pendeln zwischen den beiden Polen Schmerz und Ressourcen ist. Solange Sie pendeln, auch wenn es emotional sehr anstrengend ist, bleiben Sie nicht vollkommen im Schmerz stecken, sondern sehen auch immer wieder, was Sie stärkt und Ihnen Kraft gibt zum Weiterleben.

Sich bei emotionalem Stress zu regulieren, ist keine einmalige Angelegenheit. Gerade in Krisenzeiten stehen wir täglich vor neuen Herausforderungen, praktisch und emotional. Daher brauchen wir ein Bewusstsein dafür, dass wir uns immer wieder regulieren müssen. Das kann mutlos machen. Ich möchte Ihnen deshalb versichern, dass es zwar manchmal nicht leicht ist, jedoch insgesamt immer leichter wird.

Lesen Sie darüber mehr im letzten Kapitel *Resilienz als Weg*.

RESILIENZ ALS WEG

Etwas lernen und mit der Zeit darin
immer geübter werden, ist das nicht auch eine Freude?

KONFUZIUS

»ICH SCHAFFE ES«

Wie fühlt es sich für Sie an, Resilienz zu erleben? Woran merken Sie, dass Ihre Resilienz zunimmt?

Für mich gehört dazu, mich zu spüren, von innen in 3-D, mal ruhig, mal warm und kribbelnd, sehr lebendig, mal angenehm fließend, mal kraftvoll und voller Tatendrang. Es ist das Grundgefühl von *»Ich schaffe es«*.

Ich bin mir bewusst, dass sich das Körpergefühl jederzeit auf die Stimmung auswirkt. Als Körpertherapeutin erlebe ich immer wieder, wie gut es tut, ein Problem erst einmal beiseitezuschieben, dann den Stresspegel im Körper zu regulieren und sich erst danach dem Thema mit einer anderen inneren Gelassenheit zuzuwenden.

WIE ICH AUF DEM JAKOBSWEG DAS SELBSTMITGEFÜHL ENTDECKTE

Dabei ist mir eine Grundhaltung von Selbstmitgefühl ein besonderes Anliegen. Sie bedeutet, freundlich mit sich selbst und dem eigenen Körper umzugehen. Ist das nicht eigentlich selbstverständlich? Meiner Erfahrung nach nicht. In unserer Gesellschaft ist der Körper eher ein Objekt der Optimierung – er hat schön, schlank, sexy, sportlich und makellos zu sein – als ein Ort des Wohnens.

Auch ich musste das erst lernen. Wenn ich früher von der Möglichkeit, mitfühlend mit mir selbst zu sein, erfahren hätte, hätte ich mir einiges ersparen können. Vor vielen Jahren erlebte ich nach Jahren der Überanstrengung ein Burn-out. Ich weiß daher, wie sich das anfühlt, und auch, dass es ein langer und mühsamer Weg ist, aus diesem Zustand wieder herauszukommen. Mir hat dabei unter anderem der Jakobsweg geholfen.

Burn-out ist der Zusammenbruch von Menschen, die besonders leistungswillig sind und so lange über ihre Grenzen hinaus funktionieren, bis nichts mehr geht. So war das auch bei mir. Es ist eine meiner Ressourcen, dass ich mich zusammenreißen kann, wenn es darauf ankommt. Aber ich musste mühsam lernen zu unterscheiden, *wann* es darauf ankommt und *wann nicht*.

Um wieder Kraft zu tanken, gönnte ich mir eine Auszeit. Doch wider Erwarten kam ich nicht zur Ruhe. Im Gegenteil, der leere Kalender machte mir Angst und ich tat alles, um ihn zu füllen. Jedes Mal, wenn ein Termin näher rückte, merkte ich, dass ich *eigentlich* keine Kraft dafür hatte – eigentlich, denn ich war ja im inneren Zwiespalt. Bis mir allmählich dämmerte, was ich da tat.

Dann setzte ich dem Ganzen die Krone auf. Ich las ein Buch über den Jakobsweg und war sofort wie elektrisiert. Das war es! Ich würde nach Santiago de Compostela pilgern. Endlich hatte ich wieder ein Ziel. Ich trainierte mit Rucksack und las alles, was ich dazu fand, um mir ein Bild zu machen, was da auf mich zukommen würde. Da ich keine routinierte Wanderin bin, fand ich schließlich die Lösung für mich: Ein Artikel beschrieb die landschaftlich schönsten Strecken, die Filetstücke des Jakobswegs. Das war genau das Richtige für mich. Mein Plan stand. Wäre ich besser dabeigeblieben!

Doch dann lernte ich in einem Outdoorladen ein Ehepaar kennen, das den Jakobsweg zum dritten Mal gehen wollte. Sie luden mich zu sich nach Hause ein, um mir Fotos zu zeigen. An diesem Nachmittag fiel ein Satz, der meinen Plan ins Wanken brachte. Sie sagten: »Nur die schönsten Strecken? Dann sind Sie keine richtige Pilgerin! Sie müssen die ganze Strecke laufen!«

Ich war verloren. Sie hatten den richtigen Knopf bei mir gedrückt. Ich wollte doch auf jeden Fall eine »richtige Pilgerin« sein. Von da an plante ich um. Ich fuhr nach Südfrankreich und machte mich auf den Weg über die Pyrenäen. Es war neblig, daher befürchtete ich, vom Weg abzukommen, und hängte mich an ein äußerst sportliches Ehepaar, besser gesagt, ich rannte ihnen hinterher, denn sie nahmen keine Rücksicht auf mich. Von der Landschaft bekam ich nicht viel mit, aber am Nachmittag kam ich im Kloster auf spanischer Seite an, ergatterte ein Bett im Refugium und schlief in dem großen Schlafsaal vor Erschöpfung wie ein Stein.

Allerdings nicht lang genug. Denn echte Pilger stehen sehr früh auf, packen geräuschvoll ihre Sachen, um pünktlich um sechs, wenn die Tür geöffnet wird, das Domizil zu verlassen und loszustürmen zum nächsten Refugium, denn preisgünstige Betten sind auf dem Jakobsweg knapp. Übermüdet startete ich und übernahm mich an diesem und dem nächsten Tag erneut dermaßen, dass schließlich nichts mehr ging. Ich gab auf, um mich ein paar Tage auszuruhen.

Doch ich erholte mich nicht. Ich war so erschöpft, dass ich das Gefühl hatte, ich käme nie wieder zu Kräften. Wenn ich andere Pilger traf, die frohgemut Ihre täglichen Kilometerrekorde verkündeten – ein weitverbreitetes Hobby unter Pilgern –, fühlte ich mich schwer wie Blei.

Nach einigen weiteren Tagen, vielem Nachdenken und inspirierenden Begegnungen wurde mir klar: Die vorgegebenen Tagesetappen von 20 Kilometern oder mehr mit schwerem Gepäck schaffe ich nicht. Ein erfahrener Pilger eröffnete mir eine neue Perspektive. Er erzählte: »Ich gehe früh los. Vorher suche ich mir raus, wo ich zu Mittag essen und eventuell übernachten kann. Nach dem Mittagessen *fühle ich in mich hinein (!)*, ob ich weitergehen will oder nicht. Ich mache es von meiner Tagesform abhängig. Wenn ich müde bin, bleibe ich da, lese ein bisschen, setze mich ins Café, ruhe mich aus.«

Aha! So ging es also auch. Das probierte ich von da an auch. Und es war *die Lösung* für mich! Ich fand heraus, dass ich circa zwölf Kilometer mit Freude gehen kann. Also lief ich von nun an nur noch so viel, wie es mir leichtfiel. Dann fuhr ich mit Bus oder Taxi in den nächstgrößeren Ort und übernachtete dort. Ich hatte meinen Rhythmus gefunden! Auf die harte Tour.

Diese Erfahrung war für mich eine Offenbarung. Ich lernte, auf meine Grenzen zu achten, ja ich musste es sogar, wenn ich irgendwann in Santiago ankommen wollte. Und ich war trotzdem eine richtige Pilgerin, auch wenn ich zwischendurch mit dem Bus fuhr! Auf diese Weise kam ich tatsächlich stolz wie Oskar im Pilgerbüro an, nahm meine Urkunde in Empfang und genoss den Pilgergottesdienst in der Kathedrale in stillem Triumph.

Ich hatte es geschafft. In meinem Rhythmus. Ich hatte gelernt, auf mich zu achten und mitfühlend mit mir zu sein. Diese Erfahrung sollte mein Leben nachhaltig verändern.

Selbstmitgefühl

Selbstmitgefühl heißt nicht, sich alles durchgehen zu lassen, sondern sich zu fragen: Was tut mir – jetzt oder auf Dauer – wirklich gut? Sie können auch Bücher, Filme, Bilder sammeln, die Ihrer Seele guttun!

Im Alltag ist es nicht immer möglich, nur dem eigenen Gefühl von Stimmigkeit zu folgen. Auch die Fähigkeit, sich zusammenzureißen, ist in bestimmten Situationen wichtig und wertvoll. Wenn Sie allerdings die Wahl haben, zeigt Ihr Körper Ihnen, wo Ihre Grenzen sind, ob etwas stimmig ist oder nicht.

Wenn etwas sich für Sie richtig anfühlt, wie genau fühlt sich das an? Wird es dabei in Ihrem Körper eher eng oder eher weit?

Wenn etwas sich für Sie nicht richtig anfühlt, wie genau fühlt sich das an? Wird es dabei in Ihrem Körper eher eng oder eher weit?

DEN INNEREN ANTREIBER ERKENNEN: DAS ZIEL IST IM WEG

Man kann so verbissen auf ein Ziel ausgerichtet sein, dass man darüber den Weg verpasst. Das Muster, sich zu überanstrengen, sitzt als Automatismus im Körper. Es ist früh im Leben entstanden. Damals war es die bestmögliche Strategie. Heute können wir es verändern, langsam und mit viel Selbstmitgefühl. Immer wenn der innere Antreiber droht, überhandzunehmen, können wir uns fragen: *Muss ich wirklich?*

Der innere Antreiber ist ein Persönlichkeitsanteil, der uns auch dann nicht zur Ruhe kommen lässt, wenn es keine äußeren Verpflichtungen gibt. Er ist gnadenlos und lässt uns perfektionistisch agieren und über unsere Grenzen gehen. Dabei verfolgt er eigentlich ganz andere Ziele, als sie von außen erkennbar sind – zum Beispiel geliebt zu werden oder Anerkennung zu bekommen.

In der folgenden Übung geht es darum, beizeiten Frühwarnzeichen von Überanstrengung wahrzunehmen. Es ist eine Möglichkeit, um immer wieder darauf zu achten, wie es einem gerade geht, erste Anzeichen von Überforderung zu erkennen und gegenzusteuern, immer besser die eigenen Grenzen wahrzunehmen, zu achten und zu leben, durch Pausen, durch Selbstregulation. Diese »Wie geht's mir?«-Pausen können Sie auch von vornherein in Ihren Tagesablauf einplanen. Es ist eine Übung, bei der Sie innehalten und sich freundlich Ihrem Körper zuwenden.

»Wie geht's mir?«-Pausen

Setzen Sie sich bequem hin, atmen Sie ein paarmal tief durch und kommen erst einmal im Hier und Jetzt an. Dabei können Ihnen die Basisübungen Sich erden *und* Orientierung im Raum *hilfreich sein.*

Dann fragen Sie sich zuerst: Wie geht es mir jetzt gerade? Und dann: Was brauche ich jetzt?

Erlauben Sie sich, in Gedanken hin- und herzupendeln. Das könnte zum Beispiel so aussehen: »Ich muss noch« versus »Muss ich wirklich?« – »Ich muss doch funktionieren« versus »Muss ich das jetzt wirklich oder ist es mein Perfektionsanspruch?« – »Ich muss es schaffen« versus »Was brauche ich jetzt wirklich, jetzt in diesem Moment?«

Dabei können Gedanken auftauchen wie »Will ich das wirklich? Kann ich überhaupt noch? Überfordere ich mich damit? Wie viel schaffe ich, ohne mich restlos zu erschöpfen? Wie viel Kraft habe ich überhaupt? Wo ist meine Grenze? Was brauche ich, um mich zu erholen, wirklich zu erholen? Ist es nur Ruhe im Außen oder brauche ich eine innere Erlaubnis, mir eine Pause zu gönnen? Bin ich noch wertvoll, wenn ich nicht mehr leiste?«.

Machen Sie weiter, bis auf der Plus-Seite ein Gedanke Erleichterung auslöst, eine Idee, wie Sie mit Ihrer Energie haushalten können. Diesem Umschalten auf Entspannung spüren Sie tiefer nach, bleiben dabei und lassen es nach und nach in Ihrem Körper ankommen.

Lassen Sie sich überraschen, was möglich ist.

WOMIT FÜTTERN SIE IHR GEHIRN?

Zu Selbstmitgefühl gehört auch, darauf zu achten, was Sie in Ihr Leben und in sich hineinlassen. Welche Seite der liegenden Acht füttern Sie im Laufe des Tages? Womit füttern Sie Ihr Gehirn? Oder: Wem schenken Sie Ihre Aufmerksamkeit? Sie entscheiden, was Sie in sich aufnehmen.

Eine Möglichkeit, die Minus-Seite zu füttern, ist die übermäßige Aufnahme von Nachrichten. Das menschliche Gehirn verarbeitet die Informationen, die es bekommt. In den Nachrichten werden Ereignisse dramatisiert, um Ihre Aufmerksamkeit zu fesseln. Das Interesse der Medien fokussiert sich auf ein Thema, das hochgepeitscht wird. Die Erregung der Öffentlichkeit wird medial gesteuert. Zählen Sie selbst: Wie oft kommen in den Nachrichten Worte vor, die Ihnen Angst machen?

Wenn bedrohliche Nachrichten Angst hervorrufen, springt das Stresssystem an. Der innere Spannungspegel steigt und als Folge davon arbeitet der Verstand schneller. Die Gedanken drehen sich im Kreis, wahrscheinlich eher um Negatives, um Sorgen.

Für Menschen mit einem erhöhten inneren Grundstresspegel ist es fatal, wenn sie neben ihrem normalen Alltagsstress noch zusätzlich Erregung konsumieren, die nicht in konstruktives Handeln umgesetzt werden kann. Stattdessen bleibt sie in Angst und Wut stecken oder mündet vielleicht sogar in den inneren Kollaps. Wem soll das nützen? Ihr Anliegen ist Resilienz, sonst würden Sie dieses Buch nicht lesen. Daher frage ich Sie: Welche Infos, welche Bilder, vielleicht noch im Großformat an der Wand, wollen Sie in sich hineinlassen? Und dort ihre Wirkung entfalten lassen? Sie entscheiden.

Bilder wirken stärker als Worte! Bilder, die unter die Haut gehen, machen Angst. Wenn Sie unter Ängsten leiden, die durch mediale Bilder hervorgerufen wurden, können Sie die folgende Übung machen und die inneren Bilder wegschieben.

Innere Bilder wegschieben

Gibt es ein inneres Bild, das Ihnen Angst macht, aus den Nachrichten, einem schlechten Traum oder einer Katastrophenfantasie? Probieren Sie aus, was Sie brauchen, um es zu verändern.

Sie können es gedanklich in einen Rahmen packen, zum Beispiel in einen Fernsehbildschirm. Dann stellen Sie es mit der Fernbedienung dunkler ein oder machen den Ton dazu leiser oder schieben in Ihrer Vorstellung den Bildschirm weiter weg. Alles ist möglich. Sie können es aus dem Raum schieben, aus dem Haus, aus Ihrem Ort, hinter das nächste Gebirge, in einen breiten Fluss, ins Weltall, hinter den Mond – und alles Mögliche sonst damit machen, damit es unschädlich wird. Ihrer Fantasie sind keine Grenzen gesetzt.

Am besten experimentieren Sie so lange mit diesen inneren Bildern, bis eine erste spürbare Erleichterung eintritt. Sie macht sich bemerkbar durch Entspannungszeichen wie einen tiefen Atemzug, Gähnen, ein angenehmes Zusammensacken oder Darmgeräusche, weil sich endlich Sicherheit im Körper ausbreitet und die Verdauung deshalb wieder anspringen kann.

Spüren Sie diesen Anzeichen von Erleichterung und Entspannung intensiv nach und lassen Sie das Wohlgefühl immer weiter in Ihrem Körper ankommen.

AM RANDE DES ANGSTFELDES BLEIBEN

Es gibt ein kollektives Angstfeld. Da ist zum einen aktuelle Angst, zum anderen nicht bewältigtes kollektives Trauma. Auch wenn der Zweite Weltkrieg viele Jahre her ist, ist die Zeit noch nicht lang genug, um die unbewältigten Traumata zu verarbeiten. Die Kriegsgeneration selbst war zunächst mit Überleben beschäftigt, schließlich mit dem Wiederaufbau und genoss dann das Wirtschaftswunder. Das Grauen wurde abgespalten. Die Kriegskinder und -enkel haben sich auf den Weg gemacht, sich mit ihrem eigenen Leiden auseinanderzusetzen und mit therapeutischer Hilfe zu heilen. Sie sind noch dabei und hätten noch Zeit gebraucht. Die neuen Traumatisierungen kommen zu früh, es ist noch zu viel alte Angst da.

Wir können vermeiden, uns in dieses Angstfeld hineinziehen zu lassen. Das ist nicht leicht, denn Angst hängt mit Trauma zusammen. Beide sind starke Vertreter der Minus-Seite der liegenden Acht. Bewegt man sich zu weit hinein, gerät man in den Sog des Traumas. Deshalb bleibt man besser am Rand der Angst und lenkt die Aufmerksamkeit bewusst und mit aller Kraft auf die Plus-Seite. Das lohnt sich, denn in einem angsterfüllten Körper müssen wir uns mit zusätzlich aufgewendeter Kraft zusammenreißen, um die täglichen Herausforderungen zu bewältigen. Im Folgenden eine Übung, die Ihnen hilft, aus dem Angstfeld wieder zurück in das Vertrauen zu kommen.

Vertrauen ins Leben

Stellen Sie sich die folgenden Fragen und schreiben Sie Ihre Antworten auf:

- *Wann ist – unerwartet und ungeplant – ein Mensch in Ihr Leben getreten, der etwas zum Guten verändert hat?*
- *Wann ist etwas – ein Job, eine Wohnung, eine Idee, ein Projekt – in Ihr Leben getreten und hat Ihnen eine neue Perspektive gegeben?*
- *Wann in Ihrem Leben kam Hilfe von gänzlich unerwarteter Seite, als Sie sie dringend brauchten?*
- *Können Sie sich mit diesem Gefühl verbinden, dass es eine größere Kraft gibt, auf die Sie vertrauen können?*
- *Wie fühlt sich das im Körper an? Spüren, eintauchen, genießen!*

DAS GEFÜHL, KEINE ZUKUNFT ZU HABEN

Resilienz ist die Fähigkeit, in schweren Zeiten das Licht am Ende des Tunnels zu sehen und immer wieder den Fokus darauf zu richten.

Erinnern Sie sich: Hoch oben auf der Stressskala läuft man Gefahr, in die Erstarrung oder sogar in den Kollaps zu gehen. Dort fühlt es sich dumpf an, abgekoppelt von Gefühlen und vom Körper, es ist biologisch die Vorbereitung auf das Sterben, das Gefühl, keine Zukunft zu haben. In schweren Krisen, wenn der Stress nicht aufhört oder sogar noch immer weiter zunimmt, läuft man Gefahr, innerlich zu kollabieren und seine Kraft zu verlieren. Es fühlt sich an, als sei man in einem Albtraum gefangen. Doch auch im Kollaps kann man die Aufmerksamkeit auf eigene Ressourcen und damit auf die Plus-Seite verschieben und sich wieder regulieren.

Ich lese gern Biografien. Ich mag es, eine weite Perspektive auf das Leben einzunehmen, lesend mitzuerleben, wie sich Höhen und Tiefen abwechseln, in jedem Leben, auch wenn es manchmal von außen nicht so scheint. Auch Schweres gehört zum Leben. Während es da ist, was gibt es noch? Was haben Sie dem entgegenzusetzen?

Sich in eine bessere Zukunft zu beamen, ist keine Realitätsflucht, denn im nächsten Schritt lassen wir das gute Gefühl im Körper ankommen und erleben es *jetzt*. Es geht ums *Jetzt*, um die Kraft zum Durchhalten, zum Weitermachen, für den nächsten Schritt.

Was wird danach sein?

Wenn Sie befürchten, im Kollaps zu sein, können Sie über die Krise hinaus weiter in die Zukunft blicken und sich ausmalen: Was wird danach sein?

Bitte erlauben Sie sich, Zukunftsszenarien zu entwickeln, die Ihnen Kraft und Zuversicht geben. Erlauben Sie sich, neu zu denken, unzensiert zu brainstormen. Vielleicht sind Sie gerade im Überlebensmodus und sehen nur bis zum nächsten Tag und nicht weiter. Aber es kommt der Tag, an dem der Albtraum vorbei ist, an dem Sie aufwachen.

Wie wird das sein? Bitte stellen Sie sich das so plastisch wie möglich vor. Es geht weiter. Sie haben noch etwas vor und dafür lohnt es sich weiterzumachen.

Wenn diese Vorstellung etwas in Ihrem Körper löst, spüren Sie den angenehmen Körperempfindungen nach. Ihr Körper taut wieder auf und kehrt ins Leben zurück.

WAS BLEIBT, WENN VIELES WEGBRICHT?

Wir leben in verschiedenen Welten oder Ebenen: der gesellschaftlich-politischen, der privaten, der familiären, der beruflichen, der religiösen beziehungsweise spirituellen Welt.

Auch in politisch oder wirtschaftlich schwierigen Zeiten verlieben sich Menschen, erleben Eltern, wie ihr Kind die ersten Schritte tut, freuen sich andere daran, wie ihr selbst gepflanztes Gemüse wächst, sind Menschen auf die eine oder andere Weise kreativ, tauchen ein in die Welt der Bücher, der Kunst oder der Musik und schöpfen daraus Kraft.

Die Frage ist: Wenn bestimmte Möglichkeiten wegbrechen, was bleibt? Was sind Ihre Antworten auf diese Frage? Wenn Sie aus diesen Ressourcen dauerhaft Kraft schöpfen wollen, ist es entscheidend, sich zwischendurch immer wieder zu spüren – und zwar immer dann, wenn Sie auf positive Weise davon erfüllt sind.

Träumen als Ressource – Sehnsucht als Wegweiser

Alles beginnt mit einer Absicht. Mit der Fokussierung Ihrer Aufmerksamkeit und, noch besser, mit der Öffnung Ihres Herzens. Krisen und schwere Zeiten können den Lebensmut schwächen und das weitere Leben sinnlos erscheinen lassen. Vielleicht sind Sie gerade in einer Situation, in der Sie sich manchmal die Frage stellen, woher Sie die Kraft zum Weiterleben nehmen sollen?

Doch auch in einer existenziellen Krise kann man sich immer wieder die Frage stellen: Wofür lohnt es sich zu leben? Was habe ich der Welt zu geben? Wo kann ich mich einbringen? Wo kann ich etwas bewirken? Was gibt meinem Leben Sinn? Wenn ich mir klarmache, dass mein Leben endlich ist, was möchte ich noch erleben? Welchen Traum will ich mir noch erfüllen?

Nicht jeder Mensch ist ein Kämpfer. Ihre Stärke liegt vielleicht in der Achtsamkeit und Sie können einem Kind Halt geben, einen Blog schreiben, eine Jugendgruppe trainieren, Kochvideos bei YouTube einstellen, einen Garten anlegen, jemandem wirklich zuhören, im Hospiz Menschen im letzten Lebensabschnitt begleiten.

Träumen kann eine Ressource sein, nicht im Sinne von Sich-Wegträumen von der Realität, sondern *Sich-Hinträumen* zu dem, was man leben will. Die Sehnsucht ist der Wegweiser.

Es ist nie zu spät. Ilse Middendorf, die Grande Dame der Atemtherapie, erzählt in einem Interview zu ihrem 95. Geburtstag, wie sie die von ihr entwickelte Methode des *Erfahrbaren Atems* lehrt. Sie wurde 99. Der frühere Bundeskanzler Konrad Adenauer blieb bis zu seinem Tod mit 91 politisch aktiv. Wenn die meisten Menschen in Rente gehen, starten andere noch mal durch. Viele Menschen hören niemals auf, sich weiterzuentwickeln. Peter Levine ist Jahrgang 1942. Er lehrt weltweit Somatic Experiencing mit beeindruckenden Live-Demos auf der Bühne und ist aktiv engagiert mit Videobeiträgen zur aktuellen Lage und mit neuen Buchprojekten.

Kathrin Heckmann, die Autorin von *Fräulein Draußen: Wie ich unterwegs das Große in den kleinen Dingen fand*, hatte ein kleines gelbes Zelt in unberührter Natur als Hintergrundbild auf ihrem Laptop. Sie sah es jeden Tag unzählige Male, bis ihr eines Tages bewusst wurde: Das ist es, was ich leben will – und sie ihr Leben veränderte. Und was ist Ihre Sehnsucht?

Welche Träume geben mir Energie?

- *Was möchten Sie noch erleben?*
- *Wie malen Sie sich das in Ihrer Fantasie aus? Gibt es ein inneres Bild, dem Sie nachspüren können? Sehen Sie sich dabei in einer konkreten Situation?*
- *Was können Sie jetzt schon dafür tun?*
- *Welche Sehnsucht beflügelt Sie so, dass Sie schon bei der Vorstellung positive Energie entwickeln, um dranzubleiben? Bleiben Sie mit dieser Energie in Kontakt!*

Wir haben die Wahl

-	+
Sich in Katastrophenfantasien verlieren	Zukunftsperspektiven, Visionen entwickeln: Wie kann ich ein sinnvolles Leben führen? Was habe ich der Gesellschaft zu geben?
Sich in einer Negativspirale immer weiter runterziehen lassen	Nach Möglichkeiten Ausschau halten: Was sind meine Talente? Wie will ich leben?
Sich ausgeschlossen fühlen	Gleichgesinnte suchen und Gemeinsamkeiten teilen

Selbstregulation und Improvisation

Selbstregulation ist Improvisation. Wenn ich beim Musizieren, Kochen, Malen oder Heimwerken improvisieren will, brauche ich konkretes Handwerkszeug und Lust zum Ausprobieren. Die Bausteine der Improvisation – Wissen und Übung(en) – kann ich weiter verfeinern und damit experimentieren.

Mit der Zeit weiß ich immer besser, was mir gut hilft, ich werde sicherer. Allmählich geschieht es schon fast von allein, so wie am Klavier, wenn die Finger eine oft geübte Tonfolge von selbst spielen. Sie ist ins Körpergedächtnis eingegangen und steht jederzeit zur Verfügung.

In diesem Buch haben Sie eine Fülle von Übungen kennengelernt – von einfachen Basisübungen, bei denen Sie sich im Raum orientieren oder achtsam in Ihren Körper spüren, bis hin zu komplexeren Übungen, zu denen die bewusste Auseinandersetzung mit bestimmten Themen gehört.

DER KÖRPER WILL SICH REGULIEREN

Wenn Sie sich auf diesen Weg einlassen, gewinnen Sie immer mehr Vertrauen in Ihren Körper. Im Laufe der Zeit spüren Sie sich immer feiner. Sie nehmen den Unterschied wahr zwischen *Anspannung* (negativem Stress im Körper), zum Beispiel einem Fluchtimpuls in den Beinen, und gesunder, angemessener *Spannung* (positivem Stress im Körper) im Sinne von Handlungsfähigkeit, zum Beispiel Kraft in den Armen: Wenn es sein muss, habe ich die Kraft zu kämpfen. *Ich kann, aber ich muss nicht,* und schon gar nicht die ganze Zeit!

Ihr Körpergefühl signalisiert Ihnen, ob ein Gedanke Ihnen guttut oder nicht, ob eine Ressource stark genug ist, um Ihnen so viel Sicherheit zu geben, dass Sie beginnen herunterzufahren. Es wird sich gut anfühlen! Vielleicht erst einmal nur ein bisschen. Sobald Sie diesen Anzeichen jedoch nachspüren, verstärken Sie sie.

Der Körper will sich regulieren. Hochstresszustände sind für Notsituationen gedacht, nicht für die Dauer. Wenn es darauf ankommt, können wir kurz übermenschliche Kräfte mobilisieren. Danach ist Herunterfahren und Erholung angesagt.

Es ist normal, dass dieser Weg mal leichter, mal schwerer ist. Ich möchte Sie ermutigen, bei einem Rückschlag oder Stillstand nicht aufzugeben. Natürliche Schwankungen sind bloß ein Pendeln zwischen Plus und Minus. Das gehört dazu. Machen Sie einfach weiter und holen Sie sich Hilfe, wenn Sie allein nicht weiterkommen.

Resilienz leben – positive Gefühle im Alltag vertiefen

Dieses Buch ist durch die derzeitige Krise ein anderes geworden als geplant. Ich glaube, ein besseres. Ein besseres in dem Sinne, dass ich die Übungen auf eine Weise in meinen Alltag integriert habe, die ich mir vor einem Jahr niemals hätte vorstellen können.

In der Krise sind Ressourcen wichtiger denn je, vielleicht sogar überlebenswichtig. Auf die eine oder andere Weise werden wir alle getriggert, auch wenn unser Umgang damit unterschiedlich ist. Niemand weiß, was in einem halben Jahr sein wird. *Jetzt* will der heutige Tag gelebt und gestaltet werden, so gut wir können.

Mein Beitrag in der Krise ist es, das zu tun, was ich gut kann: mich selbst regulieren, andere dabei begleiten, sich zu regulieren, und darüber zu schreiben, wie man das macht. Ich nenne mich bewusst an erster Stelle. Es ist wie bei den Sicherheitsinstruktionen im Flugzeug. Erwachsene werden ausdrücklich aufgefordert, zuerst sich selbst die Sauerstoffmaske aufzusetzen und dann erst ihrem Kind. Zuerst muss ich mich selbst regulieren und dann kann ich meine Klientinnen und Leserinnen dabei begleiten.

Wenn wir trotz allem ein sinnvolles Leben führen wollen, brauchen wir Resilienz, gerade jetzt. Wir brauchen die Fähigkeit, unsere Aufmerksamkeit immer wieder auf unsere Ressourcen zu lenken. Je vertrauter wir mit diesen sind und sie fühlen und spüren, desto besser sind wir in schwierigen Zeiten dran. Wir bleiben dann nicht so leicht auf der Minus-Seite hängen, sondern nehmen die Plus-Seite wieder in den Blick, pendeln zwischen beiden Seiten hin und her, bis ein neues Gleichgewicht hergestellt ist. Peter Levine nennt das: »Wir *verhandeln* das Problem *neu.*« Wir vertiefen die positiven Gefühle im Alltag.

Es wird immer leichter

Denken, Fühlen, Spüren, das ist verkörperte Resilienz. Das Spüren ist entscheidend, damit sich die positiven Erfahrungen nachhaltig im Körpergedächtnis verankern können. Die dabei entstehenden neuen neuronalen Muster sickern mit jeder Wiederholung tiefer ein und sind bei Bedarf immer leichter abrufbar.

Resilienz ist kein zeitlich begrenztes Projekt in dem Sinne, dass irgendwann »alles gut« ist. Es geht immer weiter, es ist ein Weg. Wie können Sie diesen Weg für sich so leicht und angenehm wie möglich gestalten?

Indem Sie sich im Laufe der Zeit immer besser kennenlernen: Was stresst mich, wann fahre ich hoch? Und was nährt mich, wann fahre ich herunter?

Indem Sie das Modell der liegenden Acht verinnerlichen: Während das Belastende da ist – was habe ich dem entgegenzusetzen? Bis Ihr Nervensystem umschaltet auf Entspannung. Dem spüren Sie ausgiebig nach und lassen das gute Gefühl im Körper ankommen.

Wenn Sie dieses Buch immer wieder zur Hand nehmen, um die Fragen wirken zu lassen, wenn Sie sich die Zeit nehmen, Ihren eigenen Antworten nachzuspüren, und sich die Chance geben, Ihre einzigartigen Ressourcen bewusst wahrzunehmen, zu fühlen und zu spüren, wird Ihre Resilienz stärker und stärker werden und Ihnen Halt geben in schwierigen Zeiten.

ANHANG

Danke …

… an Doris Müller, Sofia Pereira, Anya Lange und Judith Sailler für das klare und unterstützende SE-Feld.

… an Lydia Alsbach-Wendling für den Begriff *problembewusste Präsenz*.

… an Carla Moschner für die »*Wie geht's mir?*«-*Pausen*.

… an meine Freundin Resi Lienz für die vielen beflügelnden Gespräche.

… an die Zwillinge Johanna und Max für das beeindruckende Beispiel von Körperweisheit.

… an alle, die sich in meiner Praxis von meiner Begeisterung für Somatic Experiencing anstecken lassen.

… an alle, die mich Somatic Experiencing gelehrt haben, allen voran an Peter Levine, den Entwickler dieser genialen Methode.

Zum Weiterlesen und -schauen

Grüber, Isa: *Was der Körper zu sagen hat,* Mankau, Murnau, 2020

Levine, Peter A: *Trauma-Heilung. Das Erwachen des Tigers,* Synthesis, Essen, 1998

Levine, Peter A.: *Vom Trauma befreien,* Kösel, München, 2006

Levine, Peter A: *Sprache ohne Worte,* Kösel, München, 2011

Levine, Peter A.: *Stream of Life* [Video 2012]. Vimeo. https://vimeo.com/40734776

Levine, Peter A.: *Trauma und Gedächtnis,* Kösel, München, 2016

Neff, Kristin: *Selbstmitgefühl – Schritt für Schritt,* Arbor, Freiburg, 2014

Rahm, Dorothea & Meggyesy, Szilvia (Hrsg.): *Somatische Erfahrungen,* C. G. Probst, Lichtenau/Westf., 2019

TEDx Talks: *Does Somatic Experiencing (SE) Work? SE practices for healing | Monica LeSage | TEDx WilmingtonWomen* [Video 2019]: https://www.youtube.com/watch?v=UU7eSxcBhpM

Viele weitere Informationen bei Somatic Experiencing (SE) Deutschland e. V.: www.somatic-experiencing.de

VERZEICHNIS DER ÜBUNGEN

Wie erlebe ich jetzt gerade meinen Körper? 19
»Ah!« Wahrnehmen, ohne zu bewerten 21
»Gedanke« – meine Aufmerksamkeit bewusst lenken 21
Drei Fragen zu meinem inneren Stresslevel 23
Was lässt mich hochfahren? 27
Wann fahre ich herunter? 28
Den inneren Beobachter installieren 29
Vom Kopf in den Körper 36
Orientierung im Raum 38
Zu sich kommen – Hand aufs Herz 40
Die Energie in die Füße bringen 41
Die Augen machen lassen, was sie wollen 43
Auf der einen Seite – auf der anderen Seite 54
Auf welcher Seite bin ich gerade? 55
Akzeptieren, was ist – nur für jetzt 56
Worauf habe ich Einfluss? Was kann ich verändern? 57
Auf beiden Seiten freundlich auf mich schauen 58
Meine äußeren Ressourcen 61
Meine inneren Ressourcen 61
In die Erfahrung eintauchen 63
Kontakt als Ressource in meinem Leben 66
Meine Kraftquellen in der Krise 67
Damals – heute 68
Was gibt mir Sicherheit in der Unsicherheit? 70
Eine Übung zum Innehalten: Dankbarkeit 71
Meine Ressourcen-Schatzkiste 72
Wohin spüre ich gewohnheitsmäßig? 78
Wo in meinem Körper ist es gerade angenehm? 82
Kleine positive Veränderungen wahrnehmen 83
Ein gutes Gefühl im Körper ankommen lassen 83
Entspannungszeichen erkennen 86
Sich regulieren mit dem Modell der liegenden Acht 97
Wie entkomme ich dem Gedankenkarussell? 100
Den inneren Stress zu einer anstehenden Entscheidung regulieren 101
Übung fürs Immunsystem: Die Zellen mit Glücksgefühlen fluten 103
Wie ist meine Energie gerade im Körper verteilt? 106
Angst im Körper regulieren 115
Die Kraft in der Wut spüren 118
Zurück in den Körper 122
Das Herz wieder öffnen 123
Die innere Leere füllen 125
Der Trauerprozess 127
Selbstmitgefühl 132
»Wie geht's mir?«-Pausen 133
Innere Bilder wegschieben 135
Vertrauen ins Leben 136
Was wird danach sein? 137
Welche Träume geben mir Energie? 139